知れば知るほどおいしい!

# レモンサワーを楽しむ本

監修: レモンザムライ

Gakken

I Love Lemon Sour.

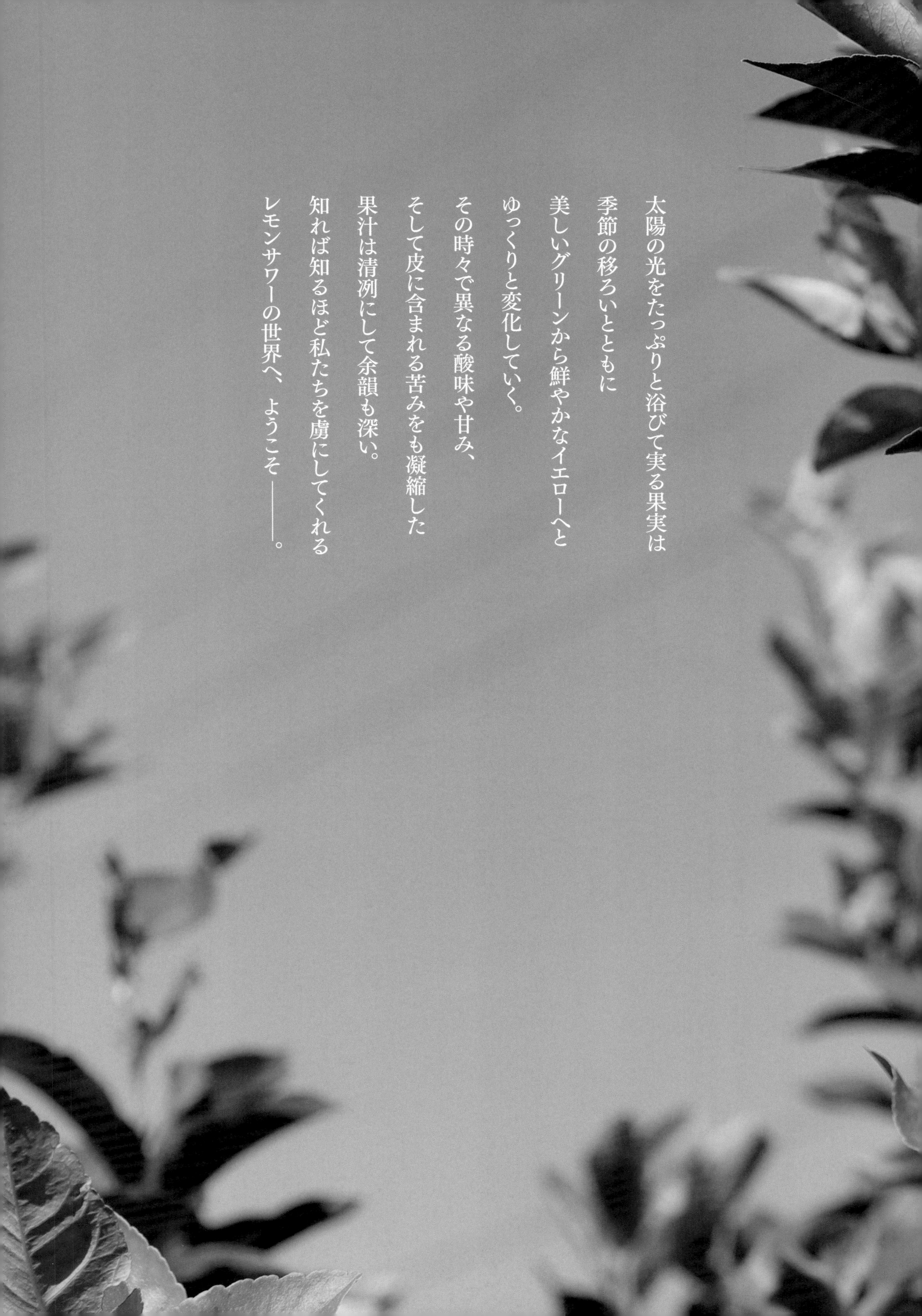

太陽の光をたっぷりと浴びて実る果実は
季節の移ろいとともに
美しいグリーンから鮮やかなイエローへと
ゆっくりと変化していく。
その時々で異なる酸味や甘み、
そして皮に含まれる苦みをも凝縮した
果汁は清冽にして余韻も深い。
知れば知るほど私たちを虜にしてくれる
レモンサワーの世界へ、ようこそ――。

レモンサワーは懐が深い。
乾杯からシメの一杯まで、いつ飲んでもおいしい。
どんな料理と合わせてもいい。
うれしい気分のときにはもちろん、
そうじゃないときだって
さりげなく寄り添ってくれる。
気づけば、いつだってレモンサワーはそこにいた。

# I Love Lemon Sour.

FAMILY
SECRET
SINCE 1903
RECIPE
BEVERAGE

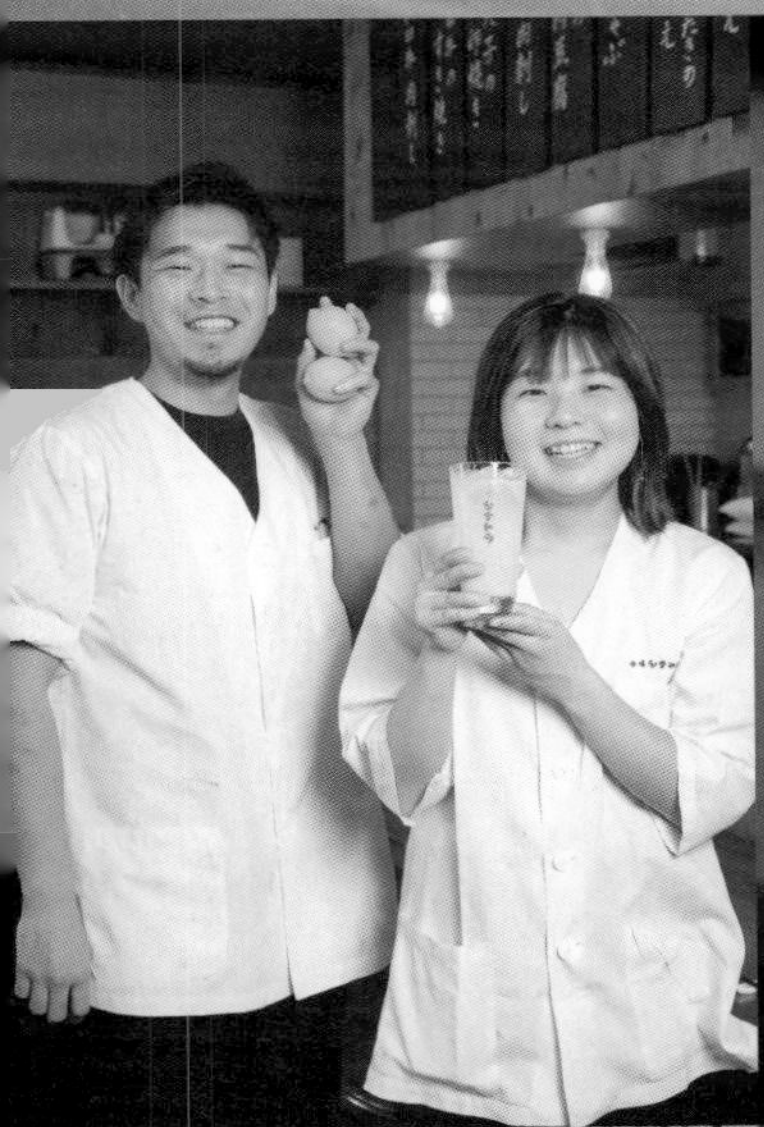

酔っ払いは二度お会計する
田中開

200円

# I Love Lemon Sour.

スカッと飲み干したい一杯もあれば、
じっくりと味わって楽しみたい一杯もある。
個性豊かなさまざまなレモンサワーを
こんなにも堪能できる時代は
かつてなかっただろう。
レモンサワーはいままさに、百花繚乱。
無限に広がる魅力を知れば、
レモンサワーはもっと楽しい！

# CONTENTS



本書に掲載の情報は2023年11月15日時点のものです。本書発行後に変更となる場合もございますことをご了承ください。

# レモンサワー最前線&もっと知りたいレモンのこと

レモンザムライがナビゲート

**レモンザムライ／ PROFILE**

尾道観光協会公認“尾道せとだレモン大使”。2018年に究極のレモンサワーマニアとしてTBS「マツコの知らないレモンサワーの世界」に出演。現在は“レモンサワーを世界へ”という目標を掲げ、2023年 クラフトレモンサワー専門のレモンサワーバー”曖昧時空URBAN LEMONERY”を東京・自由が丘にオープン。クラフトレモンサワー缶の委託製造／販売も行う。2019年にはアメリカ・ポートランドにてレモンサワーイベント「Japanese Night」を主催し、成功させる。

## そもそもレモンサワーとは…

ベースとなる「蒸留酒」「炭酸水」、それに「レモン」。これにシロップなどの糖分を加えることも多いですが、基本的にはこの３つが揃えばすべてレモンサワー。つまり、可能性は無限大なのです。

# “クラフト”で レモンサワーはもっと自由に！

**幅広い世代に支持され、近年多くの商品が市場にあふれるレモンサワー。そんなレモンサワー界に、いま、新しい風が吹き始めた。**

写真提供／OPEN BOOK

## レモンサワーは居酒屋から生まれた文化

レモンサワーは日本独自の文化である。

レモンサワー発祥の地は東京・中目黒の「もつ焼き ばん」（創業昭和33年）だといわれている。焼酎を炭酸で割って飲んでいた店主に倣い、お客さんも「焼酎の炭酸割り」を楽しんでいた。このときの呼び名は「タンチュー（炭酎）」。炭酸＋焼酎を短くしたものだ。

「サワー」の由来は「爽やか」からきているという説がある。焼酎の炭酸割りは爽やかな飲み物だからと、当時の店主と常連さんが「さわやかサワー」と命名。これにレモンを加えるとさらに爽やかでおいしくなるということで、定番化していった。

その後、1980年代前半にかけて居酒屋チェーンが日本全国に定着すると、レモンサワー人気も定着し、1984年、ついに日本初の缶入りチューハイ「タカラcanチューハイ（レモン）」が宝酒造から登場した。以来、数多くのヒット商品が生まれ、現在ではビールにとって代わるのではないかと思われるほど、多くの種類がスーパーやコンビニで売られている。

写真提供／OPEN BOOK

缶に詰められたレモンサワーが並ぶ。少量の単位でも製品化が可能だ。

「OPEN BOOK 破」では店舗内に缶チューハイのためのリキュール製造工場を併設。商品化していない実験的なサワーのほか、オリジナルの商品が楽しめる。

## クラフトレモンサワーが日本中でつくられる未来

そんなレモンサワー界だが、近頃、新しい動きが出てきている。ビール界でクラフトビールの人気が定着していったように、レモンサワー界でも「クラフトレモンサワー」の気運が高まっているのだ。

東京・新宿の「OPEN BOOK」では早くからオリジナルの缶入りレモンサワーの製造を計画。2023年9月には新宿に缶入りレモンサワーを自店舗で作れる設備を備えた「OPEN BOOK 破《は》」をオープンさせた。

今までは個人で缶入りレモンサワーを売り出したいと思っても、工場と契約するための最小の製造本数が大量であったため、とても手を出せるものではなかった。だが、「OPEN BOOK 破」のような設備があれば、100本単位での製造が可能になり、費用も抑えられる。

「いままでは大手企業さんにしか作れなかった缶入りレモンサワーが、個人や店単位で作れるようになる。クラフトビールと同じように、自由な発想のレモンサワーがこれから出てくると思います。それを僕たちが実際に作ってみて、発信していきたい。未来のレモンサワーは、クラフトマンシップにあふれたものが多くなるのではないかと思います」と本書監修のレモンザムライ氏は語る。

今までは〝甲類焼酎を炭酸水で割ってレモンを搾るだけ〟だったレモンサワーだが、ここ数年で、本格焼酎やテキーラなどを使った新しい発想のものを提供する店も増えてきた（19ページからの「レモンサワーの旨い店11選」参照）。

その波がいよいよ缶入りの「クラフトレモンサワー」を登場させるまでに至った。

「いま、市販の缶入りのレモンサワーは出尽くした感じがあります。少し停滞気味の業界を僕やOPEN BOOKさんが活気づけたい。クラフトビール業界というのはブルワリー同士の繋がりが強く、〝みんなで盛り上げていこうよ！〟というマインドがある。レモンサワーもそういう精神で盛り上げたいんです。だから、僕たちも挑戦していく。日本中にクラフトレモンサワーがある、そんな未来を想像すると楽しいじゃないですか」（レモンザムライ）

まだ風は微風だ。だがその風は確実に彼らの背中を押している。彼らの情熱が、大きなうねりを呼び起すときを楽しみに待ちたい。

# もっと知りたい レモンのこと

私たちにとってとても身近な食材のレモン。でも、意外と知られていないことも多いんです。ここではレモンにまつわる素朴な疑問を解説します！

## レモンの味ってどんな味？

### 甘み

「レモンの甘み」といわれてもピンとこない方も多いかもしれませんが、柑橘特有の甘みがレモンにもあります。熟成していくうちに増え、酸味や香りをマイルドにしてくれるのです。

### 酸味

レモンといえば酸味ですね。レモンにはクエン酸が豊富に含まれているため、酸味を強く感じるのです。すっぱいレモンが好き、という方はグリーンレモンがおすすめです。

### 苦み

皮を食べたときに強く感じることのある苦み。その苦み成分は主に皮や白いワタの部分に含まれています。ただし、苦みといってもレモンのおいしさを構成する重要な要素。ネガティブに捉えるのはNGですよ！

### 香り

香料としても用いられることのあるレモンの香り。誰もがイメージする爽快な香りは、リモネンという成分から感じることができます。

レモンはすっぱいだけと思っていませんか。品種による違いはありますが、実は糖度がスイカ並みのものもあるんです。ここでは、レモンの味についてお話しいたします。

露地栽培（自然のまま、屋外の畑で育てる）では、レモンは夏に花が咲き、10月下旬〜5月中旬にかけて収穫することができます。10月〜12月頃は、皮が緑色の「グリーンレモン」。果皮が厚く、まだ果肉や果汁は少ないものの、酸味や香りが強く、グリーンレモンをより好む方もいます（この時点で糖度は7度前後）。

そして12月中旬〜4月頃にかけて熟していき、皮が黄色の「イエローレモン」になります。果皮が薄くなり、果肉や果汁が増え、糖度も上がってきます（10〜11度）。酸味や香りがグリーンレモンに比べてまろやかになりますので、イエローレモンが好きという方も多いでしょう。

同じ木になるレモンでも、その味は収穫時期によってさまざま。味の違いを楽しんでください！

# レモンサワーって人気なんですか？

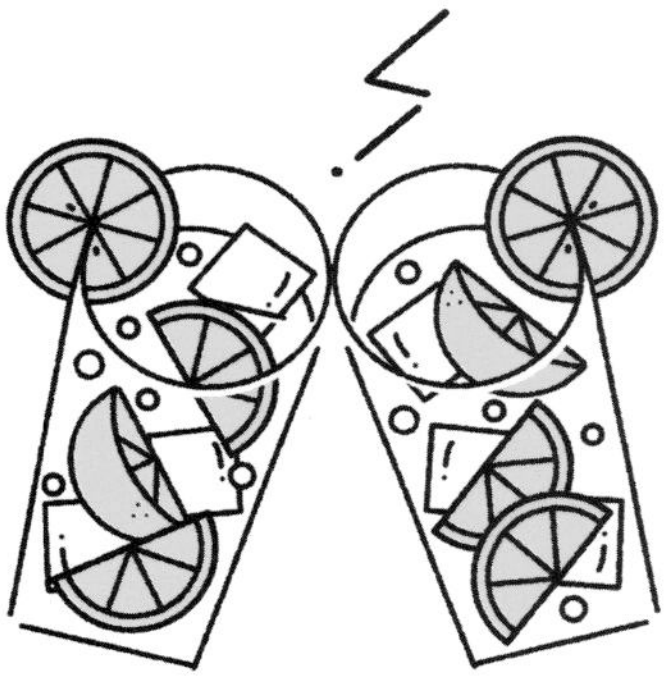

□居酒屋でアルコールを注文するなら、どれをオーダーする？

［二十歳以上のZ世代：150人から回答］

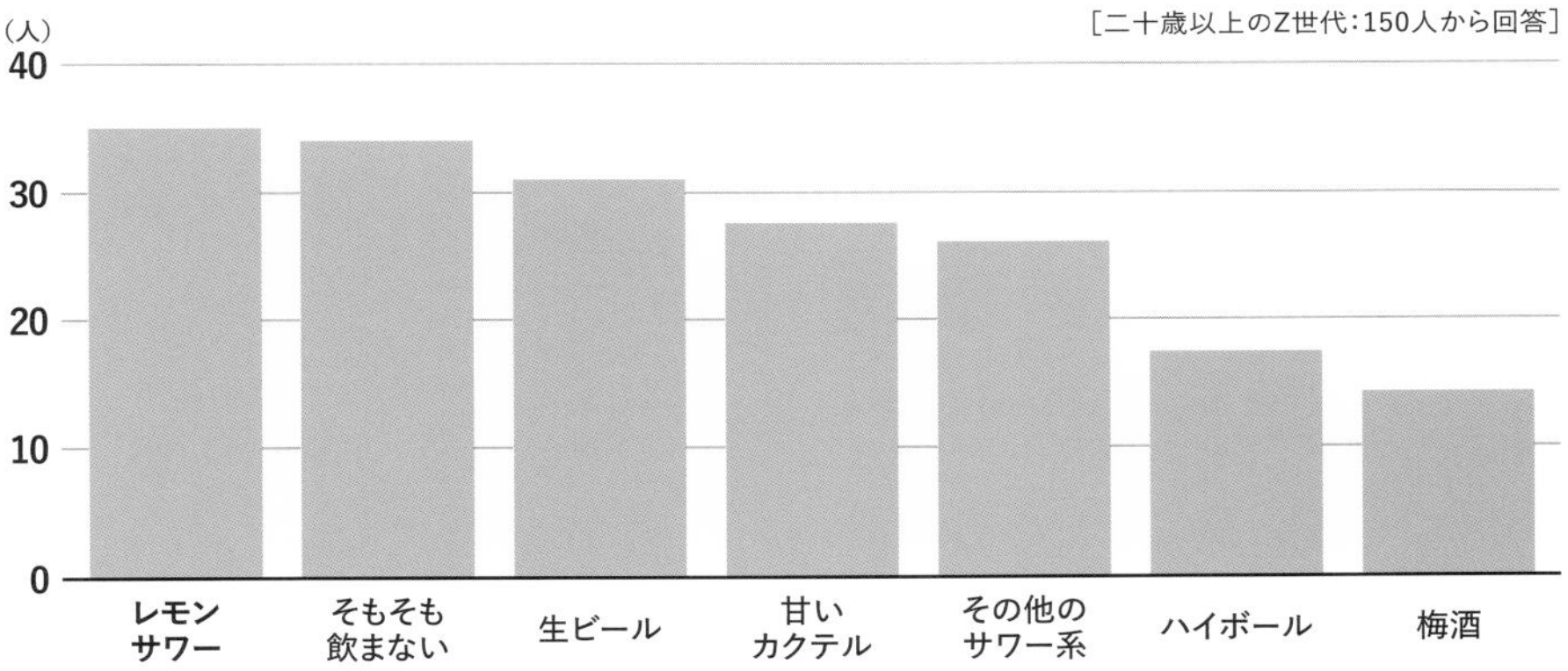
(人)
40
30
20
10
0
レモンサワー
そもそも飲まない
生ビール
甘いカクテル
その他のサワー系
ハイボール
梅酒

出典：サークルアップ（https://circle-app.jp/magazine/）／株式会社RECCOO

2023年現在、レモンサワーブームは「踊り場」にあるのではないでしょうか。コンビニやスーパーでは多くの商品を目にすることができますし、どこの居酒屋でもレモンサワーを置いていない店はないほどですが、印象として〝今は落ちついているな〟と感じています。

それは言い換えれば、レモンサワーが当たり前のように日常に溶け込み、ビールに並ぶ〝文化〟になってきたからともいえます。その証拠として、「日本蒸留酒酒造組合」が一般の方を対象にしたアンケートによると「1杯目からレモンサワーを飲む」という人の割合は46・6%とほぼ半数に達しているのです。

その他、Z世代への調査でも「居酒屋で乾杯時に頼むもの」は、レモンサワーが1位だという結果が出ています。

こうしてみると、〝とりあえずビール〟の時代は終わり、〝とりあえずレモンサワー〟が当たり前になる日も近いかもしれませんね。

# 国産レモンと外国産レモン、どう違うの？

## □日本国内流通の輸入レモンの割合（2020年）

**国産レモン出荷量**
**約6,152t**

国内の都道府県別の生産量は１位が広島県、以下、愛媛県、和歌山県と続く。

**輸入レモン**
**約44,958t**

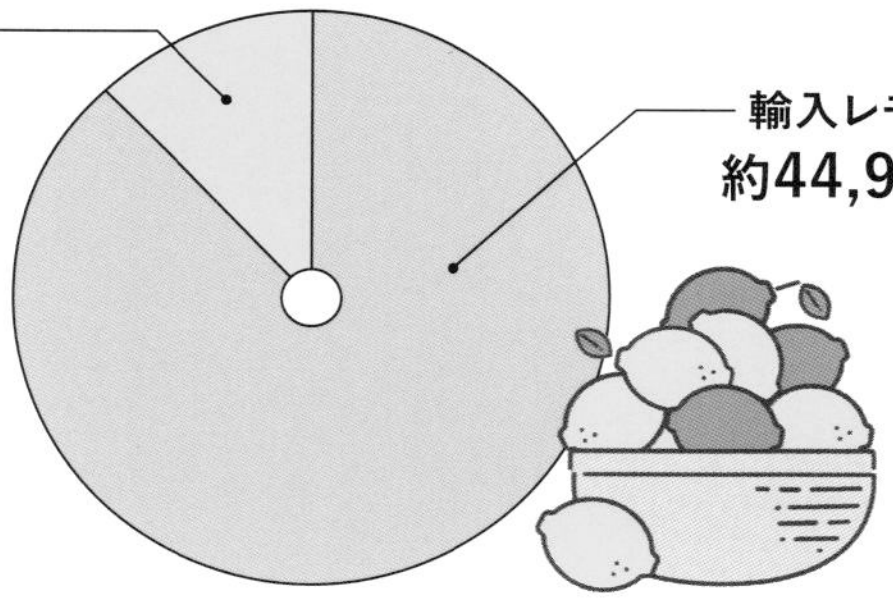

国別の輸入量は約50%がアメリカ。ほかにチリやオーストラリアなどからも入ってくる。

参考／農林水産省・特産果樹生産動態等調査、財務省貿易統計（輸出・輸入）

photo／写真AC

国産レモンと外国産レモンの違いは「輸送の距離による管理方法の違い」という点につきます。レモンは水分の蒸発が早いので、時間がかかる輸送には品質を保つためのワックスが欠かせません。

もちろん、外国産のレモンがダメだということでもありません。実際、私もカリフォルニアのレモンなどは糖度も高くておいしいと思います。ただ、強いていうなら私は「日本のレモン農家さんを応援したい」という思いがあるのです。

先日、スーパーでアメリカ産のオーガニックレモンが１９８円で売られていました。その隣には佐賀県産のものが３００円で売られています。この差は圧倒的な収穫量の差なんです。一般的には安い商品のほうがお得感がありますので、そちらから売れていくのは当然です。ただし、地産地消や食料自給率を考えた場合、それでいいのかとも思ってしまうんです。日本の農家さんに頑張ってもらいたいですからね！

# レモンはどんな種類があるの？

## □ 主な品種はこの4つ

### ［リスボン］

日本では広島県などで広く栽培されており、レモンの中ではもっとも耐寒性がある品種とされています。海外での主な産地はアメリカ合衆国・カリフォルニア州の内陸部やアルゼンチンなど。果汁が多く、酸味が強いのが特徴で、元気に育ちやすく、ほかのレモンと比べて大きな実がつきやすい品種です。

### ［ユーレカ］

日本では愛媛県などで広く栽培されている品種。海外での主な産地はアメリカ・カリフォルニア州の太平洋沿岸地域のほか、オーストラリア、イスラエルなどでも栽培されています。果肉は柔らかくジューシー、香りもあり、優れた品種として高い評価を得ています。

### ［ビアフランカ］

日本では1921年に広島県に導入され、現在でも多く育てられている品種です。形はリスボンによく似ており、爽やかな香りと強い酸味が特徴。「個人的には、レモンサワーにもっとも適した品種だと思います」とレモンザムライさんは語ります。

### ［マイヤーレモン］

レモンとオレンジの自然交雑によって生まれた品種。オレンジに近い独特の甘みがあり、酸味が少なくまろやかな味わいが特徴。少し丸みのあるフォルムで日本のほか、ニュージーランドなどでも栽培されています。

参考／ポッカサッポロフード&ビバレッジ株式会社「LEMON MUSEUM」(https://www.pokkasapporo-fb.jp/lemon-museum/)

「レモンは…レモンでしょ」と思われている方も多いと思いますが、レモンにもさまざまな品種があります。

日本で育てられているレモンの多くは「リスボン」と「ユーレカ」という2品種。「リスボン」は日本一のレモンの産地、広島県でも多く作られていますし、愛媛県は「ユーレカ」が多いようです。

ほかにも本書の「レモン農園を訪ねて」（38ページ参照）で紹介されている広島県の『たてみち屋』さんでは「ビアフランカ」を、千葉県の『鵜殿シトラスファーム』さんでは「マイヤーレモン」を育てています。

最近では宮崎県などで多く栽培される「璃《り》の香《か》」という品種もあります。これは「リスボン」と宮崎県特産の「日向夏」を掛け合わせて生まれたもの。サイズも大きく、果汁が多く取れ、病気にも強いんです。なかなか店頭で見る機会はないと思いますが、もし見かけたら手にとってみてください。ちょっとレモンとは思えない大きさですよ（笑）。

# レモンの皮がおいしいって本当？

ビタミンC、クエン酸、ポリフェノール…。レモンの皮は栄養の宝庫なんです。
より香りを楽しみたいならレモンを搾るときはこのままの向きで。果汁が皮を滴り落ちることが重要です。逆さにして、果肉部分が下になってしまうと、香りを十分に堪能できません。
皮の部分も余すところなく味わうのがおすすめの楽しみ方。栄養分や香りを逃しては、もったいない！

レモンの栄養成分といえば、有名なものは「ビタミンC」「クエン酸」「ポリフェノール」などが挙げられます。これらの成分は皮のほうにも含まれているのです。

レモンの香り成分「リモネン」が含まれているのも皮。皮に香り成分を含む油が溜まっているんですね。レモンはそのままだとほとんど香りを感じませんが、切ったり、皮に傷がついたりするとあの爽やかな香りがするのはそのためなのです。

ワックス不使用の国産レモンであれば皮も安心して食べることができます。国産レモンを搾る際は皮を下にして、果汁が皮をつたって滴り落ちるようにすると香りがアップしますので、ぜひ試してみてください。

レモンの魅力は皮の苦みと果肉の酸味があわさってこそ。丸ごと楽しんでくださいね。

ちなみにレモンは葉の部分にも香りがあります。葉っぱを軽く揉んだりすると果実と同じ爽やかな香りがするんですよ！

# レモンは冬にとれるって本当ですか？

## 国産レモンの収穫時期

| 収穫(販売)時期 | | 1月 | 2月 | 3月 | 4月 | 5月 | 6月 | 7月 | 8月 | 9月 | 10月 | 11月 | 12月 |
|---|---|---|---|---|---|---|---|---|---|---|---|---|---|
| | 露地栽培 | イエローレモン | | | | | | | | | グリーンレモン | | |
| | その他 | | | | | | | グリーンレモン(ハウス) | | | | | |
| | | | | | | | イエローレモン(貯蔵) | | | | | | |

参考／ひろしまラボ(広島県)(https://www.pref.hiroshima.lg.jp/lab/)

スーパーなどでは一年を通して売られているレモン。暑い夏の部活動といえばレモンのはちみつ漬けを連想する人も多いと思いますが、そのくらい「レモン＝夏」という印象は強いのではないでしょうか。

レモンは疲労回復効果もありますので、暑い夏になると爽やかなレモンを摂取したくなりますよね。

実は国産の露地栽培レモンの収穫時期は10月～4月くらい。つまり冬がメインなんです。上の表の通り、10月以降はグリーンレモン、12月下旬から5月中旬にかけてイエローレモンとして収穫されるんですね。

夏に見かける国産レモンは貯蔵されていたレモンや、ハウス栽培で育てられたレモンということになります。他にも店頭には外国から輸入されたレモンもあります。むしろこちらがほとんどを占めるのですが…。

皆さんがレモンを求める夏に収穫されないと需要と供給が心配になりますが、現在はハウス栽培の技術も進んでいますので安心なんです。

# レモンはどう切ればいいのですか？

## □レモンザムライおすすめの切り方「ザムライ切り」

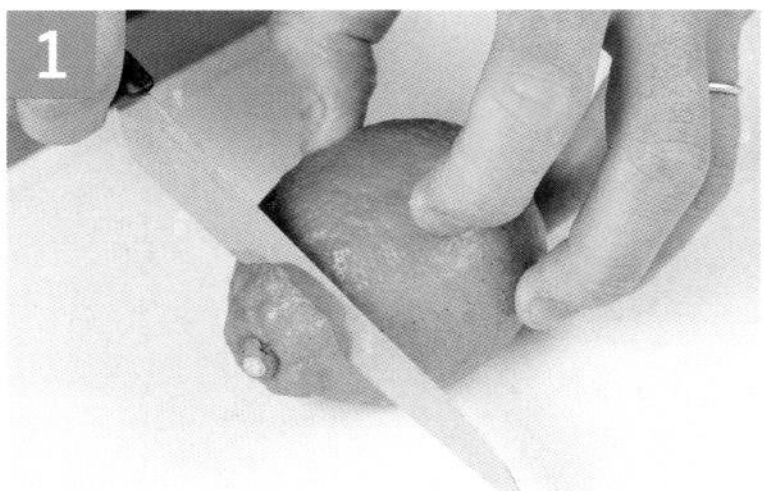


レモンを水で洗い、へたの部分を切り落とします。

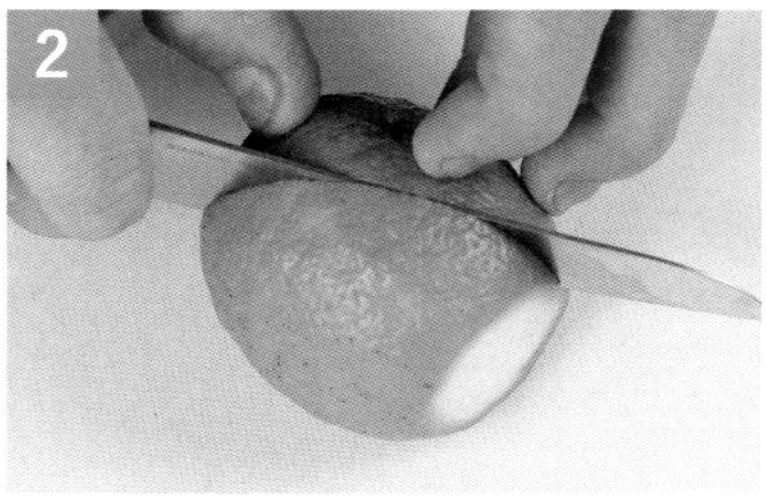


レモンを縦に置き、写真のような角度で斜めに刃を入れます。

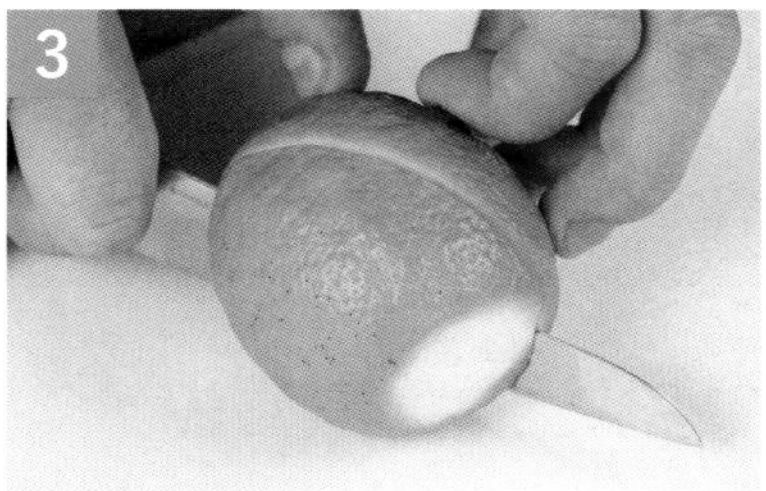


角度が決まったら一気に切ります。

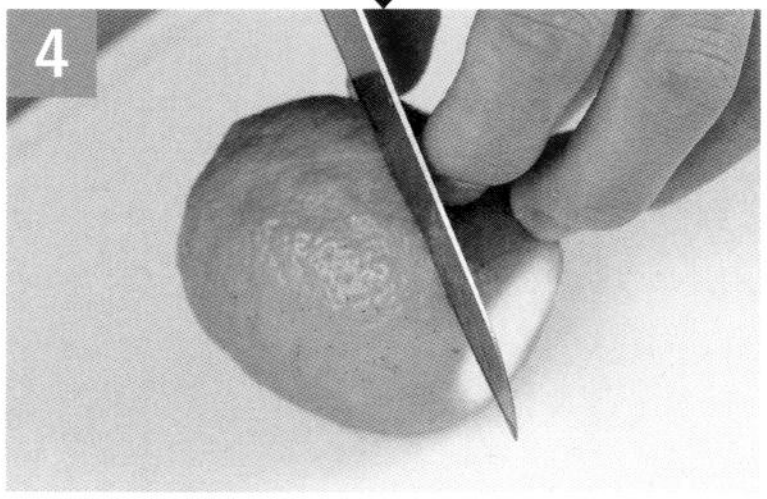


両方をしっかり押さえ、刃跡が交差するように切ります。

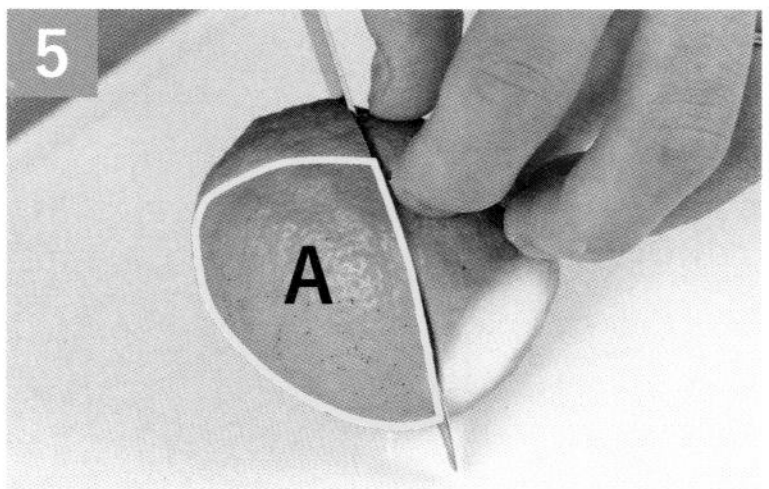


この段階でレモンはまだ4分割。この後、6で黄色枠のAを切ります。

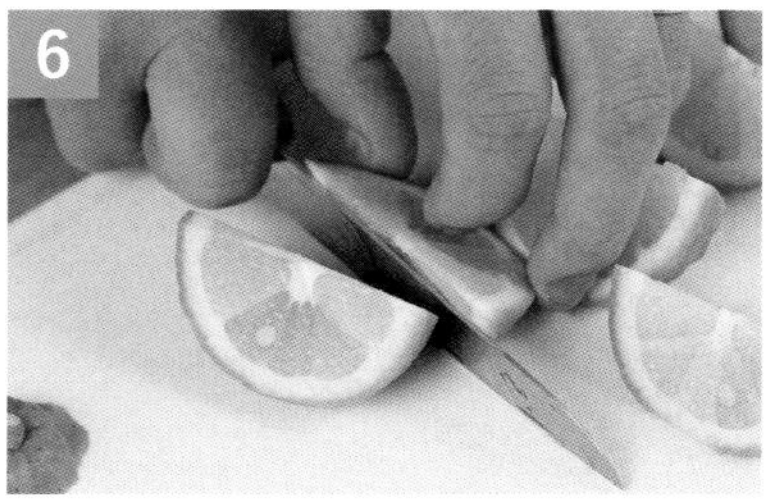


レモンの皮を下にしてAを半分にカット。もう片方も同様に切り6分割にします。

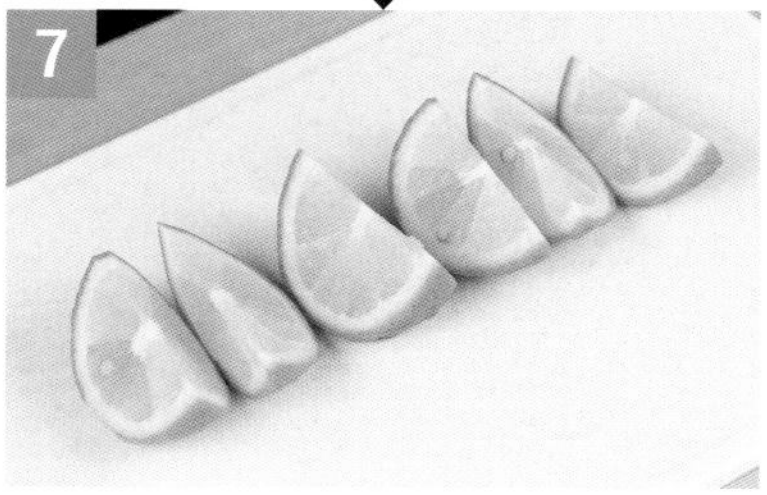


きれいに6分割になったら完成。

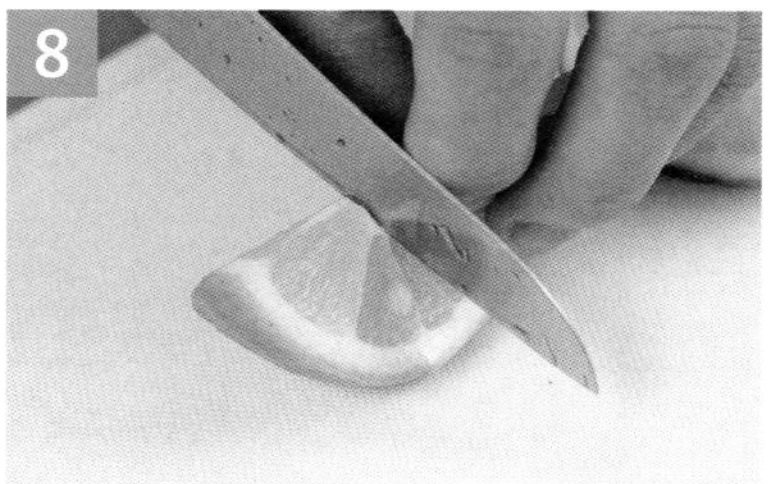


よりつぶしやすくするため、それぞれをさらに半分にして12分割にしてもいいです。

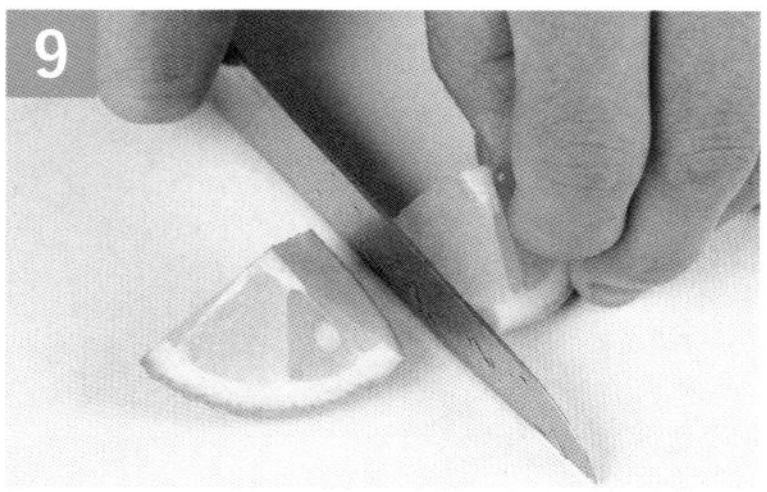


切っている段階で果肉がつぶれないように注意しましょう。

完成！

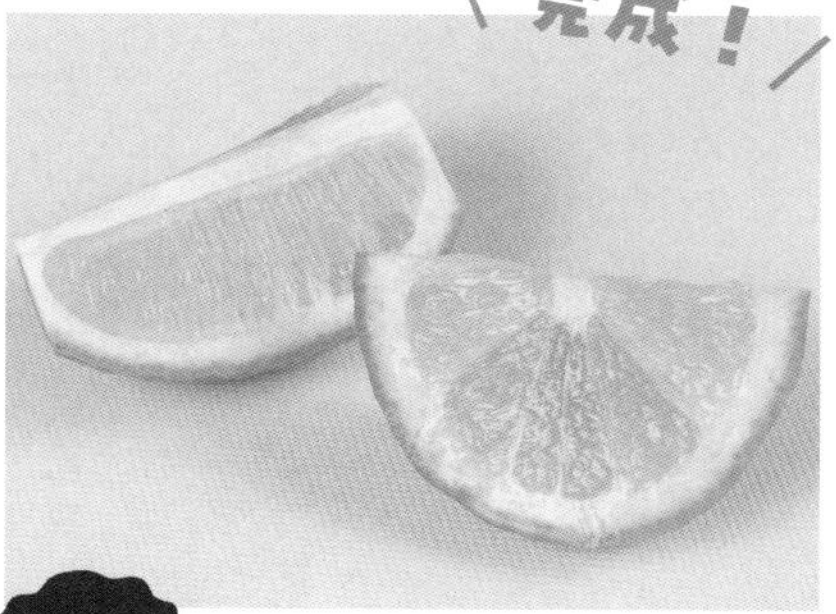

右が「ザムライ切り」、左が「一般的な切り方」の断面。断面に薄皮がくることがないので、搾りやすくなります

飲食業界の方などからは「エックス切り」と呼ばれる切り方より、包丁の角度を少しだけ浅くした（2）のが「ザムライ切り」です。右下の「一般的な切り方」に比べ、約1・5倍の果汁が取れるんですよ。

## □「一般的な切り方」

まずはまっすぐ半分に刃を入れます。

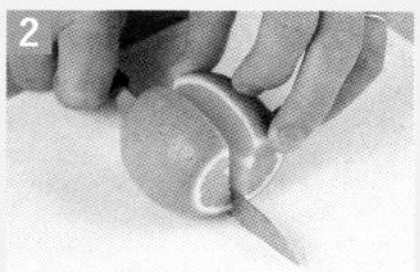


2等分になるようにカット。

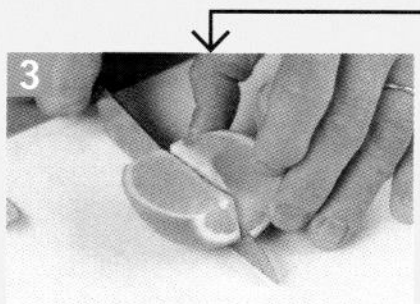


皮を下にして、それぞれをさらに3等分に。

全部で6等分に切ります。

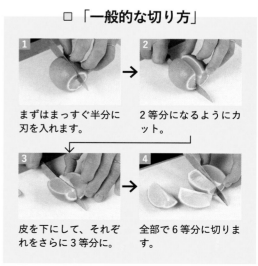

レモンサワーで乾杯！

# レモンサワーの旨い店11選

ますます自由で楽しくなるレモンサワー。ここからは
新しいレモンサワーの可能性を探り続ける 11 店舗を紹介。

※掲載価格は2023年11月15日時点での税込価格です。

左から「サワークリームスイートチリソースポテト（770円）」、「パクチーとチーズのキーマカレー（1320円）」、「コーヒーレモンサワー（900円）」。

# 遊び心いっぱいの個性派レモンサワー！

店主の薄羽さん。音楽フェスにも出店するほどの音楽好きだ。

ネオン管がおしゃれな店内。半地下に降りると、まるで秘密基地のよう。

珍しいクラフトビールも置いてあり、レモンサワー以外にも楽しめるお店です。カレーも絶品！

うすばね

## usubane［自由が丘］

☎ 03-6421-2353
住所：東京都目黒区自由が丘 2-12-19 B1F
営業時間：11:30〜23:00（LO.22:30）
ランチタイム 11:30〜17:00
休み：毎週木曜（祝日の場合は営業の場合あり）
アクセス：東急大井町線・東急東横線自由が丘駅徒歩１分

洞窟のような空間で、不思議なレモンサワーに出会える店だ。

個性あふれる『コーヒーレモンサワー』は「自分で飲んでおいしかったので、お客さんに出してもおもしろそうだと思って」という遊び心からメニューに加わった。ジンをベースに、レモンを皮ごとミンチにしたジュレと炭酸、それにエスプレッソを加えた店の名物で、エチオピア産の浅煎り豆はレモンの皮のような苦みと酸味があり、レモンとの相性は抜群だという。

自由な発想は料理にも。カレーは欧風カレーとインドカレーのいいとこ取り。フライドポテトは「超ジャンクにしよう！」ということでサワークリームとスイートチリソースを合わせた。

ドリンク、料理、内装とすべてが遊び心満載。肩肘張らずに楽しめる店だ。

# 自由が丘の名店で9種のレモンサワーを堪能する

左から「特製ナンリ亭レモンサワー（990円）」と「紅茶レモンサワー（990円）」。

店主の南里さん。趣味はバイクやキャンプというアウトドア派だ。

昭和を感じさせる、洒落たデザインの看板。

落ち着いた雰囲気の店内にはカウンターとテーブル席が。

おつまみには名物のたこ焼きを。味付けはソース（右）と3種の塩（左）から選べる。数量限定なのでお早めに。

レモンザムライのここがおすすめ
ほのかにラズベリーが香る『紅茶レモンサワー』は絶品。レモンティー感覚で試してみて。

もともとはバーテンダーだった店主の南里さん。店を始める際に〝売り〟が必要と感じ、レモンサワーを選んだ。「レモンサワーは日本のカクテル。シンプルで奥が深そうだなと感じたので、こだわってみようかなと」

『特製ナンリ亭レモンサワー』はウォッカベース。レモンピールをグラニュー糖に漬け込み甘みを加えた。果肉も皮も使うことで〝レモンすべてを味わってもらいたい〟という思いもある。

「（10月頃の）レモンがグリーンだと知らないお客さんもいます。昔は〝カボスが入ってる〟なんて言われたこともありますから（笑）」

自分の出したい料理を出し、しつらえもすべて自分で考える。「それでお客さんに喜んでもらえたら幸せですよね」と笑う店主の逸品を堪能したい。

## ナンリ亭《なんりてい》［自由が丘］

☎ 03-5726-8419
住所：東京都目黒区自由が丘 2-14-20 不二ビル 2F・B
営業時間：日～木／18:00～24:00
　　　　　金～土／18:00～25:00
休み：不定休
アクセス：東急大井町線・東急東横線自由が丘駅 徒歩4分

料理は左から「揚げピザ　生ハムとマスカルポーネ（1100円）」、「ぷりぷり海老マヨ（880円）」。ドリンクは左から「にごりレモンサワー（イタリア仕込み）（770円）」と「アールグレイレモンサワー（770円）」。

# 創作料理とレモンサワーで幸せな気分に浸ろう！

自由が丘駅から徒歩３分。若いお客さんも多く訪れる。

１階には立ち飲みスペースとカウンター（下）、２階にもカウンターと広めのテーブル席が用意されている（上）。用途に合わせて使い分けよう。

左から元バーテンダーの米山さん、イタリアンのシェフだった児玉さん、ソムリエの横山さん。三者三様の個性がお店の魅力だ。

レモンザムライのここがおすすめ
『アールグレイレモンサワー』は見た目も美しい２層構造。店名にも合ってますね！


自由が丘の緑道にほど近い場所に、開放的で楽しげな空間が広がる。この店のレモンサワーも実に独創的だ。

現在は10種類ほどあるレモンサワーの中でも、『にごりレモンサワー（イタリア仕込み）』はイタリアンの流れを汲む店らしく、レモンチェッロ（リキュール）をサワーに応用して仕上げた人気メニューだ。

「スタッフの経験を落とし込んでいます。レモンの魅力はなんでもできることですね」と話す店長の児玉さん。

料理についても「おいしいのは当たり前。お客さんに〝おもしろい〟とか〝きれいだね〟と思ってもらいたい」とこちらもオリジナリティあふれる品々がラインナップ。「幸せな気分で帰ってほしい」という児玉さんの思いが込められている。

にしょく

## ニショク［自由が丘］

☎ 03-5755-5064
住所：東京都世田谷区奥沢5-28-15 昇栄ビル 101
営業時間：月～金／ 18:00～24:00
（フードLO.23:00/ドリンクLO.23:30）
土／ 15:00～24:00
（フードLO.23:00/ドリンクLO.23:30）
日・祝／ 15:00～23:00
（フードLO.22:00/ドリンクLO.22:30）
休み：なし
アクセス：東急大井町線・東急東横線自由が丘駅徒歩３分

左から「レモンサワー（680円）」、「ホタルイカの沖漬けポテトサラダ（780円）」、「日向鶏の唐揚げ（880円）」、「黒毛和牛の肉豆腐（980円）」。どれもほとんどのお客さんが注文するという逸品。

## ふとしたときに行きたくなる、旨い料理に舌鼓

ゆったりとしたカウンターとテーブル席が用意された清潔感のある店内。

和の趣のある外観。

料理長の江戸さん（左）とスタッフの吉光さん。

大きな氷を室温の低い冷凍庫で3～4時間おいた「締め氷」を使用。溶けにくくドリンクに最適です。

おいしいレモンサワーを出す店は、どこも料理が旨い。もちろん、この店も。お客さんの9割以上が頼むという名物『黒毛和牛の肉豆腐』や、和の味付けにまとめた『ホタルイカの沖漬けポテトサラダ』、二度揚げしてカラッと仕上げる『日向鶏の唐揚げ』は、どれもお客さんの舌を唸らせる納得のおいしさだ。

それに合わせるドリンクも負けてはいない。開業当初から人気の『レモンサワー』はウォッカベースのもの。愛媛県産の無農薬のノンワックスレモンを丸ごと使用しているため、心地いい渋みもありながら味わいはまろやかだ。

お客さんには常連さんも多いという。一度お店を訪れれば、ふとしたときに「また、シナトラに行きたいな」と思うこと間違いなし。そんなお店だ。

さかばしなとら

### 酒場シナトラ ［自由が丘］

☎ 03-6459-7395
住所：東京都世田谷区奥沢 5-42-3
トレインチ自由が丘
営業時間：月～金／ 17:00～24:00
（フードLO.23:00/ドリンクLO.23:30）
土／ 15:00～24:00
（フードLO.23:00/ドリンクLO.23:30）
日・祝／ 15:00～22:00
（フードLO.21:00/ドリンクLO.21:30）
休み：無休（施設に準ずる）
アクセス：東急大井町線・東急東横線自由が丘駅
徒歩２分

左から「純國 日々喜レモンサワー（880円）」、「スパイスレモンサワー（600円）」。料理は手前が「藁香るカツオの塩たたき（1580円）」、奥が「溶岩焼肉盛り合わせ（ハーフサイズ）（2180円）」。

# まずは、レモンサワーで乾杯を！

オープンになった厨房では料理人が腕をふるう。その姿を眺めるのもまた楽しい。

店内にはプライベート感が確保された個室も用意されている。

店主の上原さん。

レモンザムライのここがおすすめ
メニューには15種類ものレモンサワーが。どれもレモンにこだわったものばかり！

「乾杯ビールを、乾杯レモンサワーへ」と語るのはレモンサワーへの情熱があふれる店主の上原さん。きっかけになったのは現在も人気で、店名を冠した『純國 日々喜レモンサワー』。材料はすべて国産。6年もの間、ひたすら向き合い開発したという自信作達だ。

「現在は優等生からちょっと尖ったものまで、15種類のレモンサワーがあります。精鋭ばかりですよ（笑）。どんな料理とも合いますし、ドライなものから甘いものまでレモンサワーだけで完結できる。そんな飲み物、なかなかありません」

　好きなことを仕事にしているためか、創作意欲はかれることがないという。

　目指すのは、その街に自然と溶け込む店。〝ほかよりも、ちょっといい〟この店でレモンサワーを味わいたい。

## 日々喜《ひびき》［五反田］

☎ 03-6421-7394
住所：東京都品川区西五反田 1-32-2
　　　五反田ALCOVE 1F
営業時間：月～金／ランチ 11:30~14:30
　　　　　ディナー17：00～24:00
　　　　　（フードLO.23:00/ドリンクLO.23:30）
　　　　　土／ 14:00～24:00
　　　　　（フードLO.23:00/ドリンクLO.23:30）
休み：日曜
アクセス：JR 五反田駅西口より徒歩 3 分

# 今日よりも明日はもっとおいしい、を目指して

「山椒レモンサワー(580円)」(手前)と「自家製レモンサワー(580円)」(奥)。

「新橋で一番レモンの皮をむいている自信があります(笑)」という店長の前田さん。

手前から時計回りに「麻婆豆腐(590円)」、「海老マヨ(590円)」、半熟卵をのせた「中華風タワーポテサラ(690円)」。お客さんの声を聞き、お皿を小さくしてリーズナブルに。

焼酎にレモンの輪切りと砂糖をのせたレモンニコラシカ。口の中でレモンサワーを完成させよう。

焼酎3リットルに対し、白いワタを処理したレモン20個を2週間から1カ月ほど漬け込む。

ネオンが目立つ外観。新橋駅からもほど近く、ちょっと一杯にには最適だ。

店内はフロアごとに用途が分かれており、バリエーションも豊富だ。

『山椒レモンサワー』はぜひお試しを。すっきりした飲み口で料理との相性は抜群です!

王道を大事にしつつも、オリジナリティあふれるメニューを追求する。「ありそうでなかったものを提供したいんです」と語るのは店長の前田さんだ。〝中華×レモンサワー〟という店のコンセプトはその象徴といえる。

ただし、独創的であればいいというわけではない。こだわるのは〝手間を惜しまないこと〟だ。レモンの下処理はすべて手作業。中華の定番、『麻婆豆腐』はラー油からすべて手作りという本格派で、『中華風タワーポテサラ』は半熟卵をのせることでお客さんに驚きと楽しさを提供している。

創業してまだ丸2年という新しい店。「今日のレモンサワーより、明日はもっとおいしいものを提供したい。お客さんの喜ぶ顔がうれしいんです」

いままさに、進化の途中なのだ。

## 中華と自家製レモンサワーの店
## CIAO《ちゃお》［新橋］

☎ 03-4500-9632
住所:東京都港区新橋3-9-3 新橋ビル1F〜4F
営業時間:月〜金/17:00〜23:00
(フードLO.22:00/ドリンクLO.22:30)
土日祝/事前予約のみ
休み:不定休
アクセス:JR新橋駅烏森口より徒歩3分

# ふらっと立ち寄りたくなる、お客さんに寄り添う店

「おでん」は単品での注文のみ。いくつか注文すると一皿に盛ってくれる。「刺身盛り合わせ」は他の料理を数点注文した方に限り550円で提供！「塩こうじ檸檬サワー（660円）」（左）、「大葉しそ檸檬サワー（660円）」（右）。

店長の小池さん。

和風で落ち着く店内。

店内の温かい灯りが漏れる外観。

左から「安定の檸檬サワー（605円）」、「一張羅《いっちょうらい》檸檬サワー（660円）」、「大葉しそ檸檬サワー」、「生姜檸檬サワー（660円）」、「はちみつ檸檬サワー（660円）」、「塩こうじ檸檬サワー」。どれもグラスのフチにレモンをしっかりつけるため、レモン感は抜群だ。

レモンザムライのここがおすすめ
「一張羅檸檬サワー」はレモン１個を搾って入れたひと品。レモン好きにはたまりません！

ととろう

## 魚魚郎［中目黒］

☎ 03-6303-1150
住所：東京都目黒区上目黒 1-4-3
エクセル中目黒 1F
営業時間：月〜金／ 17:00〜24:00
土／ 16:00〜24:00
日／ 16:00〜23:00
休み：不定休
アクセス：東急東横線・東京メトロ日比谷線
中目黒駅徒歩３分

「甘めが好きな方、すっきりしたものが好きな方、皆さんに楽しんでいただけるように6種類を用意しています」と楽しげに話すのは店長の小池さん。ベースは焼酎で、すべて国産のレモンを使用している。

料理は、まずは『おでん』を頼みたい。ハマグリと昆布で出汁をとった優しい味が自慢だ。次は『刺身』を。赤字覚悟で新鮮なものを提供している。

そして、この店のさらなる〝売り〟は「お客さんに寄り添いたい」という接客。『炊き込み土鍋ごはん』は食べきれなければおにぎりにして持ち帰ることもでき、レモンサワーは一部を除き、ノンアルコールにもしてくれる。

どこか懐かしい内装とあいまって、自然体で、ついつい長居をしてしまいそうだ。

左下から時計回りに「ピーチレモンサワー（1000円）」、「ホットドッグ（1400円）」、「レモンサワー（900円）」、「豚みそピーマン（700円）」。レモンサワーはすべて厳選された果実を使い、オリジナルのシロップから手作りしている逸品だ。

## クラフトマンシップを感じる気鋭の新店

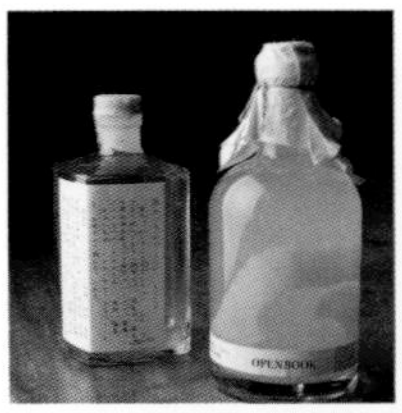

店内ではオリジナルの「レモンサワーの素」も販売されている。「草木レモンサワー（4000円）」（左）と「すごいレモンサワー（6600円）」（右）。「すごい〜」は店頭のみで購入可能。

店内に併設された工場。今後はオリジナルのレモンサワー缶も販売される予定。

オーナーの田中開さんは、現代レモンサワーブームの火付け役といえる方なんです！

スタッフの古舘さん。

新宿・ゴールデン街の有名店「OPEN BOOK」が手がける新店舗として、2023年9月にオープンした。

コンセプトは「史上最高の、飲めて楽しめるレモンサワー工場」。大きな特徴は工場を併設していること。今後はオリジナルのレモンサワー缶の販売など、新しい試みも考えているという。

店で提供されるレモンサワーは奄美大島でとれた黒糖を使った黒糖焼酎がベース。レモンは広島・尾道の瀬戸田レモンだ。

焼酎にこだわるのは「効率を求めずに、おいしいものを追求している酒蔵を応援したい」というオーナーの哲学があるからだ。

「OPEN BOOK」に流れるクラフトマンシップ。その魂を感じながら、じっくりと味わいたい。

おーぷんぶっくは

### OPEN BOOK 破 ［新宿御苑前］

住所：東京都新宿区新宿 1-5-12 明和ビル 1F
営業時間：木〜金／ 15:00~21:00（LO.）
土／ 12:00~21:00（LO.）
日／ 12:00~19:00（LO.）
休み：月火水
アクセス：東京メトロ丸ノ内線新宿御苑前駅
徒歩 3 分

## OPEN BOOK《おーぷんぶっく》［新宿］

住所：東京都新宿区歌舞伎町 1-1-6
ゴールデン街五番街
営業時間：20:00〜24:00
休み：不定休
アクセス：東京メトロ丸ノ内線新宿三丁目駅
徒歩 8 分

知る人ぞ知る、レモンサワーの名店だ。オーナーの田中開さんは直木賞作家・田中小実昌《こみまさ》さんの孫。そのせいか、店内の壁には本がずらりと並ぶ。

レモンサワーは2品。とりわけ『レモンサワー日本酒割り』はぜひ頼んでほしい個性派。使用する酒は、1711年創業の仁井田本家のにごり酒「にいだしぜんしゅ」。精米歩合80％というこの純米酒は、米から無農薬で栽培するというこだわりだ。「場所柄、大切なのはお客さんとのコミュニケーション。そのツールとしてレモンサワーがあるだけです」と語るスタッフの河嶋さん。本を眺め、静かに楽しみたい空間だ。

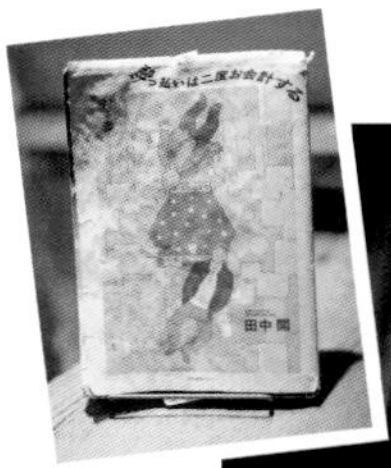

「レモンサワー（800 円）」（手前）、「レモンサワー日本酒割り（1000 円）」（奥）、「柿の種（400 円）」。

看板のない外観。

スタッフの河嶋さん。

オーナーのこだわりを感じる立ち飲みスタイルの店内。

## ゑすじ郎《えすじろう》［渋谷］

☎ 050-3173-0608
住所：東京都渋谷区神南 1-9-4 NC ビル 2F
営業時間：17:00 〜 23:00
（フード LO.22:00/ ドリンク LO.22:30）
休み：なし（年始休業あり）
アクセス： JR 渋谷駅徒歩 8 分

レモンサワーはなんと20種類！一番人気の『本気のレモンサワー』はオーガニックの自家製レモンコーディアルとオリジナルの焼酎を使用した自信作だ。「バー文化を広めたいが日本では敷居が高い。和のカクテルであるレモンサワーを提供することで、皆さんに来てもらえれば」と語る料理長の古河さん。海外からのお客さんも多く、「以前日本に来た友人から、ここには必ず行けと言われて来たんだ！」という旅行客も。

自信を持って提供されるメニューの数々は、お客さんも驚くような遊び心満載のものばかり。発想は無限。ぜひお店に足を運んで楽しんでもらいたい。

ドリンクは左から「ピリピリするレモンサワー（1100 円）」、「煙と塩のレモンサワー（1100 円）」、「本気のレモンサワー（900 円）」。料理は左から「明太トリュフマッケンチーズ（1400 円）」、「ラーメンポテトサラダ（800 円）」。

オリジナルの焼酎「The SG Shochu KOME」。

おしゃれな店内。コンセプトは NY east village。

料理長の古河さん（左）、スタッフの景澤さん（中央）、MAX さん（右）。

料理は左から、メキシコ屋台風の焼きトウモロコシ「エローテス（740円）」、「コヨーテタコス（490円）」、「アボカドベジタコス（440円）」。ドリンクは左から「レモンサワー（660円）」、「コヨーテマルガリータレモンサワー（830円）」。グラスのキャラクターは店主が描いたオリジナルだという。

# すべて手作りのこだわりで、日本にタコス文化を！

内装はほぼ店主のDIYという、こだわりが詰まった店内。

茶沢通りに面したかわいらしい外観。地元の人から愛される店だ。

ピンクがかった色みのハワイアンソルトが味のアクセントになる。

内外装、料理、ドリンクとすべてにこだわりがある店。タコスは一度食べたらやみつきです！

メキシコ名物のタコスとレモンサワーで幸せになれる店だ。

おすすめは、なんといっても自家製のタコス。生地からすべて手作りでトッピングも多彩という逸品だ。

「もちもちしていて食感もいいので、皆さんおいしいと言ってくれますね。場所柄、外国の方も多いですが〝今まで食べたタコスでナンバーワンだ！〟と言ってくれた方もいました（笑）」

それに合わせるのはテキーラベースの『コヨーテマルガリータレモンサワー』。ライムの代わりに国産の瀬戸田レモンを使用。グラスのフチに粗めのハワイアンソルトを添えた、こちらもこだわりのひと品だ。

「日本にもタコス文化を広めたいんですよ」という、気さくな店主のもとでメキシコを感じるのもおつなものだ。

## TACOYOTE《たこよて》［三軒茶屋］

☎ 03-6805-2090
住所：東京都世田谷区太子堂 5-15-13 コーディスハウス 1F
営業時間：18:00〜翌2:00
休み：日曜
アクセス：東急世田谷線三軒茶屋駅 徒歩5分

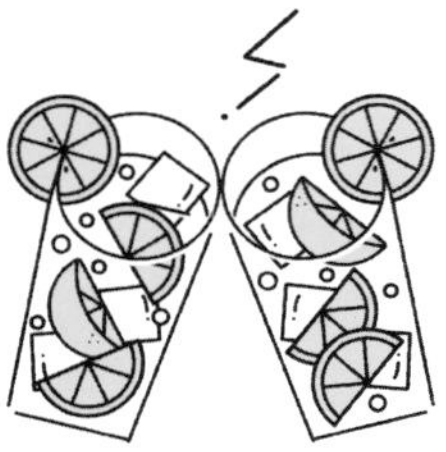

＼レモンサワーに合う！／

＼コンビニでも揃う！／

# 定番おつまみ 12 選

どんなおつまみでも包み込んでくれるレモンサワー。
ここではコンビニでも手軽に揃う人気のおつまみをピックアップ！

## 鶏の唐揚げ

レモンサワーが食中酒としてのポテンシャルを存分に発揮してくれるのが唐揚げと合わせたとき。とにかくレモンサワー がすすむ！

## ポテトサラダ

みんな大好きポテトサラダ。意外と個性のあるおつまみで、コンビニやスーパーでもさまざまなバリエーションがある。好きなレモンサワーが、どのポテサラと合うのか、比べてみるのも楽しい。

## 餃子

ビールと餃子は最高の組み合わせだが、レモンサワーも引けを取らない。すっきりしたレモンサワーと合わせれば何個でもいけてしまうぞ！

## おでん

寒い季節の定番といえばおでん。つい熱燗と合わせたくもなるが、レモンサワーもいける。しっかりとした出汁との相性も抜群だ。

## 麻婆豆腐

中華といえば麻婆豆腐。どんな辛さでも、すべてをレモンサワーが洗い流してくれるので、箸がどんどんすすむ。

## 焼きとり

タレでも塩でも受け止めてくれるレモンサワーだが、できるなら味の強いタレと合わせたい。

## 焼きそば

レモンサワーは炭水化物との相性も◎。焼きそばも濃いめの味付けでいただこう。とにかく最高だ。

## たこ焼き

外はカリッ、中はふわっと焼かれたたこ焼きは、「たこ焼き×レモンサワー」というコンセプトの居酒屋もあるほど相性がいい。

## フライドポテト

ジャンキーな料理もレモンサワーの守備範囲。ケチャップやマスタードなどでさらにジャンキーにしてレモンサワーで一気に流し込もう。

## もつ煮

コンビニやスーパーで売られている濃いめの味付けにレモンサワーがよく合う。唐辛子を少し多めにかけてグイッとやろう！

## 枝豆

どんなお酒にも合うシンプルな塩味はレモンサワーにもバッチリ。肝臓のアルコール分解を助ける枝豆は、健康面でもおすすめ。

## ソーセージ

酸味のあるレモンサワーはジューシーなソーセージにもぴったり。ハーブやスパイスを使ったものと合わせるのもおすすめ。

レモンザムライ直伝

# 自宅で簡単 レモンサワー&ビール

プロが作るものもいいけれど、
自宅でもおいしいレモンサワーが飲めたらもっとうれしい。
レモンザムライがかんたんでおいしいレモンサワーのレシピを伝授します。

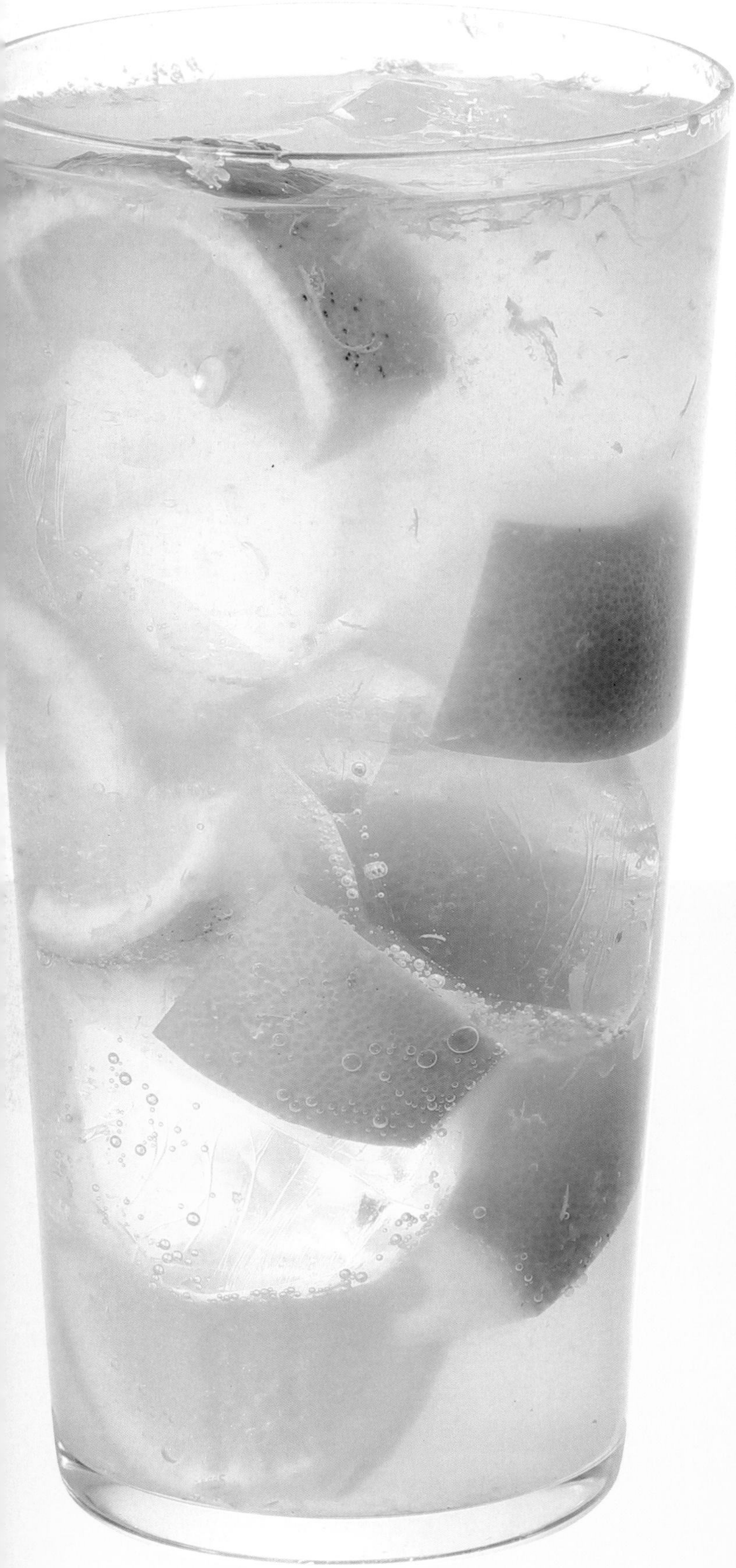

毎日おいしい！

# かんたん レモンサワー

[材料（1杯分）]

- □ レモン……1/2 ～ 1個
- □ ウォッカ or 焼酎
  ウォッカの場合……30ml
  焼酎の場合……60ml
- □ シロップ……15ml
  ※おすすめはてんさい糖を煮詰めたもの
- □ 炭酸水……150ml
- □ 氷……適量

[作り方]

①レモンを切ってグラスに入れる

②レモンをよくつぶす

③ウォッカ or 焼酎、シロップ、氷を入れてよく混ぜる

④グラスの中がよく冷えたら炭酸水を入れる

⑤軽く混ぜれば出来あがり！　グラスのフチにレモンを軽く擦りつければ、さらにレモン感がアップする

いつでもかんたん、手軽に楽しめるレモンサワー。ベースはウォッカか焼酎が適任。甘いのが苦手な方はシロップなしでもＯＫです。ポイントはレモンの切り方（18ページ参照）と炭酸水を入れるタイミング。炭酸水を入れる前に氷、アルコール、シロップをよく混ぜて、炭酸水と同じ温度にしておきましょう。同じ温度のほうがよくなじみます。アルコールを抜けばレモンスカッシュに！

# スパイシー レモンサワー

［材料（1杯分）］

- □ レモン……1/2～1個
- □ レモンスライス……2～3枚
- □ ウォッカ or 焼酎
  ウォッカの場合……30ml
  焼酎の場合……60ml
- □ スパイスシロップ（下記）……15ml
  ※おすすめはてんさい糖にシナモンやクローブを入れて煮詰めたもの
- □ 炭酸水……150ml
- □ 氷……適量

［作り方］

①レモンを切ってグラスに入れ、よくつぶす

②ウォッカ or 焼酎、スパイスシロップ、氷を入れてよく混ぜる

③グラスの中がよく冷えたら炭酸水を入れる

④軽く混ぜ、半分に切ったレモンスライスをのせれば出来あがり！　最後にレモンの皮をすりおろせばレモンの香りがさらに際立つ

こちらは前ページ「かんたんレモンサワー」にひと手間プラス。スパイスシロップを入れてスパイシーさを楽しもう。ポイントは前ページの「かんたんレモンサワー」と同じ。最後にローズマリーを添えても。ちょっと本格的な味をご自宅でもぜひ！

［スパイスシロップの作り方］

［材料（作りやすい分量）］

水……100ml　てんさい糖……100g
シナモン……2本　クローブ……10片

［作り方］

①材料をすべて鍋に入れ、火にかける
②沸騰してきたら火を弱め、軽く混ぜながら5分ほど煮詰める
③冷まして出来上がり。シナモン、クローブは取り除いても OK。

たまには
レモンサワー以外も！

# レモンビール

［材料（1杯分）］

- □ レモン果汁……15ml
- □ レモンスライス……1枚
- □ 好みのビール……300ml（目安）
- □ 氷……適量

［作り方］

①レモン果汁をグラスに注ぐ
②氷を入れてよく混ぜる
③グラスの中がよく冷えたら好きなビールを注ぐ
④レモンスライスを入れて出来あがり

いつでもかんたん、手軽に楽しめる「レモンビール」。レモンをつぶしてもいいですが、ここでは手軽に市販のレモン果汁などでOK。レモン果汁の量で、レモン感を調整しましょう。あとは好きなビールをひたすら注ぐだけ。ビールの苦みとレモンは相性も抜群です！

魅力いっぱいの国産レモン

# レモン農園を訪ねて

特別対談 菅秀和［citrusfarms たてみち屋園主］×レモンザムライ

## レモンの“おいしい”ってなんだろう

## citrusfarms たてみち屋［広島県尾道市］

## 鵜殿シトラスファーム［千葉県松戸市］

国産レモンの魅力を探るべく、日本一の生産地である広島県尾道市と、
住宅街に農園が広がる千葉県松戸市を訪ねた。
グリーンレモンの収穫の季節、皮まで丸ごとおいしいレモンを求めて。

広島県尾道市瀬戸田町でレモン農園「citrusfarms たてみち屋」を営む菅秀和さん。つきない探究心でレモンに向き合う。

特別対談 菅《かん》秀和［citrusfarms たてみち屋園主］×レモンザムライ

# レモンの“おいしい”ってなんだろう

国産レモンの魅力を伝えたいという想いで結びつく菅秀和さんとレモンザムライさん。旧知の仲という二人の話は、終始和やかに出会いのエピソードから始まりました。

## レモンザムライ? なんねぇそりゃぁ?

――お二人の出会いは?

**レモンザムライ（以下：Z）** 僕がまだレモンザムライを名乗って本格的に活動する前からのお付き合いですね。レモンサワーの研究をするようになってしばらくして、〝味の決定的な違いはレモンでしか出せないんじゃないか〟と気づいた瞬間があったんです。そこで日本全国のレモンを調べていたら、瀬戸田（広島県尾道市）でレモン農園を経営されている菅さんが、東京でワークショップを開くということを知ったんです。

**菅秀和（以下：K）** よく調べてきたよね。

**Z** 今まで農園の方ときちんとお話しする機会がなかったので、これはチャンスだ!と思って。そこで話かけてみたんです。

**K** 最初は「レモンザムライってなんなら?」と思いました。それが態度に出たんでしょうね、怒ったつもりはなかったんだけど、「最初は恐かったですよ」ってあとになって言われました（笑）。

**Z** その後、SNSで交流を深めたんです。

K　とにかく全然サムライっぽさはなかったですね。正直、本質をわかろうとせず〝ファッション的に活動してる人〟のように見えてたんです。
Z　ひどい…。
K　ただ交流をしていくうちに、礼儀正しく、前向きで向上心があることが徐々にわかってきた。僕からしたらレモンを卸すお客さんですけど、それを鼻にかけず、生産者をリスペクトしてくれている。たまに生意気なことも言ってたけど（笑）。
Z　何か言いましたっけ？
K　〝東京の販路は任せてください〟って。一瞬、カチンときたけど（笑）。
Z　やる気だけはありました（笑）。

## お客さんのところに通って とにかく信用を得る

K　レモンザムライ君に「レモンの卸取次を始めてみるか」と提案するうえで、継続する商売をしていくために僕が大切にしていることは、きちんと言いましたね。例えば、とにかく最初はレモンを持って歩きなさいと。注文を受けたら直接届けに行って顔を売りなさいと。そうしないとお客さんが本当は何を求めているかが理解できないんですよ。
Z　ちょっと忙しくなって届ける時間がなかったときに〝菅さん、そっちから直接お客さんに送ってもらえませんか？〟って言ったら〝何言ってんだ！〟って怒られました。
K　まだ早いわ！ってね。でもその後、リピート注文も増えてきて、お客さんから信頼されてきたな、というタイミングで、そろそろ直送もやろうかと私から提案しました。
Z　その頃はレモンを届けた先でレモンサワーを飲んでばかりでしたからね。売り上げ分を全部飲んじゃう、みたいな。でもおかげでお店の人とコミュニケーションも取れましたし、いいことだったんだなと思います。
K　僕も就農したての頃はあちこちまわりましたからね。彼には長く活動を続けてほしかったんです。とにかく信用してもらうことが、なんの商売をするにしても重要ですから。
Z　いま思えば、僕は信用してもらうためにやっていたわけではないんです。何も知らないところから入っているので、とにかく言われた通りにやってみるしかない。やってみて、自分が何を感じるのか、そこから何ができるのかを考える。振り返ってみても僕の人生ではそういう局面が多いなと思いますね。
K　自分で考えて動くし、そうでありたいと思う、そういう人間だとわかっていましたから。最初はちょっと厳しく言いましたけど、それが今や、テレビ番組やCMに出るわ、こうして本の取材はあるわ…。ね（笑）。
Z　菅さんには僕が何者でもないときから、仕事を教わってきたので、今でも頭は上がりません（笑）。

**家を借りたらレモン畑がついてきた（笑）**
**〝これはやらんといけんなぁ〟と思ってね**
菅秀和

## 覚悟を決めたきっかけは そこにレモン畑があったから

——レモン農園を経営しようと思ったのは何かきっかけが？
K　たまたま住んだ家にレモン畑がついてきたんです（笑）。放っておくのもなんだし、「誰もやらんのならワシがやらんといけんな」と。
Z　すごい話だよな〜。
K　もともと前職の事業で、その地に赴任していたんですが、そのうち通うのが大変になり「島に住んでしまうか」と考えだして。縁あって古民家に住むことになると、家主さんが畑も預かってくれと。
Z　（笑）。
K　家を借りて諸々手続きも済んで〝さぁ、畑も頑張るか！〟と思った矢先に会社から「戻ってきてくれ」と言われたんです。家族の島生活も始まるしで、どうしようかなと。会社から求められた通りに戻ってもよかったんですけど、年齢もちょうど不惑の40歳になり、独立して何かするには最後のチャンスと考え、思い

農園の管理は、とにかく観てまわること。細心の観察を積み重ねる。

切ってレモン中心の柑橘農家をやってみるか、と今に至っています。

――ノウハウとかは…？

K　大規模有機野菜農業生産法人の営業や、果物狩り観光農園で営業企画をしていたので、知識はそれなりにあったんです。当時はレモン農家を名乗ってる人なんていなかったので、じゃあレモン農家としてやってみるか、という感じですね。

Z　好きで始めたわけじゃないんですね(笑)。覚悟はあったんですか？

K　JAには出荷せず、だからといって販路もなかったから、覚悟せざるをえなかった。もうレモンはなってるんだからとにかく売らねばと。

Z　いまは僕も含めて取引先がたくさんあると思うんですけど、どうやって増やしていったんですか？

K　とにかく伝える。知ってもらうことに注力した。同時に、自身もいちからレモンのことを知ろうと考えた。スーパーやデパ地下に通いながら「ん？」と疑問に思ったのは、なぜレモンは薬味のコーナーにあるのかと。同時期に収穫されたミカンや食べる柑橘は入り口正面のフルーツコーナーにある。でもレモンは？そこから視点を変えてレモンを分析していったんです。

Z　そういうところに気づくのがさすがですよね。

K　フルーツコーナーに置いてもらうには気分があがるような、とにかく食べておいしくなきゃいけない。そうすると糖度はどれくらいあるんだと。そして、糖度と酸味のバランスが一番よくなるのはいつなんだと。つまりレモンの旬（人が食べておいしいと感じる時期）はいつなんだと。それを聞いてまわったけど誰もはっきり答えられなかったんですよね。外国産と比べて、安心安全とはよく言われていたけど。

Z　それまでは誰にも「レモン＝おいしい」という発想がなかった。

K　「レモンなんてすっぱきゃいいんだ」とね。加えて、無農薬とおいしさとは全く関係ないし、栽培方法も販売者は正しく説明できず、国産にわざわざ〝ノーワックス〟と書いてあったり。国産ならワックスなんかいらんじゃろが！と…、まぁいろ

いろとおかしなことは多かった。

**Z**　それで本格的に研究を始めたんですね。菅さんがよく言うのは〝農業はサイエンス〟ということ。

**K**　話を旬に戻すと、糖度と酸度のバランスは2月〜3月がいい感じだなと。それ以降、気温が上昇すると味が薄れてくるということもわかってきたので〝じゃあこの時期を「旬」と言おう〟と。エビデンスがあって誰も言っていないなら言ったもん勝ち（笑）。そうして気づいたことや考えたことをワークショップやセミナーで伝えていたら多くの出会いがあった。同じ頃、瀬戸内もレモンのいろいろな加工品で盛り上がってきた。そんな感じで、就農2年目からどんどん得意先が増えていったな。

――レモンは10月くらいから春先にかけて収穫されますが、夏はどんな作業をするんですか？

**K**　夏は主に良い土壌を保つための管理作業ですね。露地栽培（屋外の畑での栽培）だと、4月〜5月に花が咲いて、7月〜8月に小さな実に育って、雨水を吸収しながら大きくなって、果汁が中に入り出すのが9月上旬頃からですね。果汁を含むようになったグリーンの時から収穫を始めます。ちなみに外国産のレモンもほとんどがグリーンの時に収穫するんですよ。収穫から輸送に1カ月以上かかるので、その間バナナみたいにガスによってグリーン（葉緑素）を分解させるんです。だから、光合成によって黄色くなったものとは黄色味のニュアンスが違うんですよ。

――国産と外国産の違いはどういう点ですか？

**K**　外国産はワックスでツルツルピカピカのきれいな黄色いレモン、という印象。いい悪いではなく、輸送距離における管理方法の違いですね。

**Z**　どちらがいい、悪いというものではないんです。ピカピカなのは乾燥防止のワックスによる照り。レモンは水分がぬけるのが早いので、それを防ぐための手段なんです。

## おいしくない、というより明確にあるレモンの味の違い

――最後に、おいしいレモンというのはどういうものでしょう？

**Z**　同じ品種、地域で収穫しても味が違いますからね。つまり、味を決定するのは土作りしかないと思うんですが、どうでしょう？

**K**　野菜も果物も農産物は皆、基本的にはおいしくなるように育ちます。違いがあるとすれば、「おいしくない成分」が多いか少ないかなんです。一般的においしくない要素には「苦み」「渋み」「えぐみ」があります。苦みと渋みはおいしく感じる要素でもありますが、えぐみというのはまったくおいしくない。その原因になるのが硝酸態という成分で、これは肥料を過剰に与えたりすると分解されずに残る養分のことです。肥料は適量であればおいしくなりますから、そのあたりのバランスですね。

**Z**　それが難しいんですね。

**K**　おいしくなるために何かしてるかと言われれば、僕はとくに何もしてません。しいて言えばえぐみを出さないために「何をしない」か、ということですね。

**Z**　おいしくない、というのはないんですけど、味の違いは明確にあります。〝一番好きな時期〟は人それぞれ。グリーンの時は酸味が際立っているというポジティブな特徴があって、グリーンの時期に収穫したものしか取り寄せないという方もいるんです。おいしい、おいしくない、というのではなくて、ただ味の違いがある。その違いを出すのが土作り、つまり農家さんなんですよね。

**K**　さすが、いいこと言うね（笑）。

――ありがとうございました。

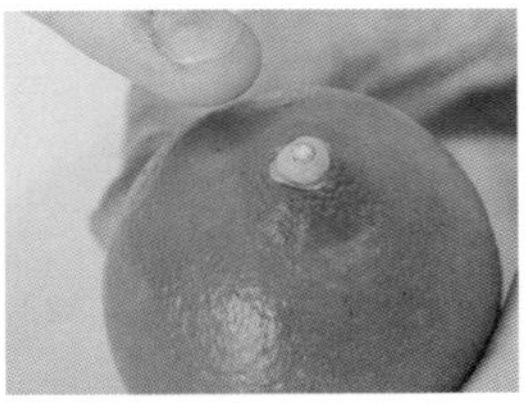

レモンの鮮度を見分けるポイントとしてヘタの色がある。黒ずんでいるものよりは白っぽいものを選ぼう。あとはツヤと張り。水分量をしっかり感じられれば新鮮といえる。

**おいしい、おいしくない、というのはない**
**ただ〝味の違い〟があるだけなんです**

レモンザムライ

# 温暖な瀬戸内の恵み
# 自然が育む「たてみち屋レモン」

## citrusfarms たてみち屋 ［広島県尾道市］

レモン生産量日本一のエリアで、真摯にレモンと向き合う男がいる。「いかにして自然の働きとその循環を保てるか。農業はサイエンス」と語る園主のこだわりを聞いた。

農園の目の前には瀬戸内海が広がる。温暖な環境のもと、レモンは元気に育つ。

レモンの状態を確認する菅さん。自然の循環が保たれている農園ではクモも元気だ。

小さなハウスの中ではお客様を楽しませられるようさまざまな研究がされている。

ゆっくりと丁寧にスポンジで磨くことで、傷をつけずに乾燥を防ぐという目的も。

出荷の前にもレモンの状態を確認。このあと、スポンジで磨かれ、ツヤを出す。

収穫されたレモン。そのときに必要な分だけが収穫され、出荷に備える。

## 自然の働きを理解し、自然の循環の中で育てる

レモンの生産量日本一を誇る、広島県尾道市瀬戸田町。瀬戸内海に浮かぶ生口島《いくちじま》と高根島からなるこのエリアは、近年、しまなみ海道沿いでサイクリングを楽しむ人々にも人気だ。『citrusfarms たてみち屋』は、その生口島にある。

「農産物を育てるのはサイエンス」と語るのは、園主の菅秀和さん。

大切にしているのは「身土不二《しんどふじ》」という言葉。人の身体と土壌の働きは同じという考えだ。自然の働きを理解し、自然の循環の中でレモンを育てる。光合成の仕組みを踏まえ、土の状態を適切に保てば、木の持つ生命力が自然とレモンをおいしくしてくれるのだという。

菅さんは、科学的に管理するためには「土壌の状態の可視化」が必要不可決という考えのもと、園内の数か所から土を採取して養分の状態をチェックするための「カルテ」を作っている。そのデータをもとに、レモンに与える栄養素の適切な分量や配合を決めていくのだ。

それでもなお、自然と向き合うのは一筋縄ではいかないという。

「露地栽培にとって、一番難しくどうにもならんことは気象がコントロールできないこと。特に2023年は9月中旬から10月中旬までの降水量合計が20ミリ程度と極端に少なかったので、肥大期に水分が取れなかった。水がないと葉っぱも丸まり実は大きくならないので、100ミリ程度の降水量はほしいですね」

菅さんが育てたレモンは星付きレストランのシェフも認める逸品。味にこだわる人々からは引く手数多《あまた》だ。

「最近では、人々のレモンに対するイメージや印象がより良くなり、それが定着してきたと感じています。〝レモンは揚げ物や焼き物に添えるだけ〟というものではなく、〝レモンをよりおいしく食べるには〟ということを考える人が多くなってきました」と目を細める。

「そうした方々が〝たてみち屋のレモンを〟と選んでくれて、喜んでもらえたときは本当にうれしい。先日も取引先の方から〝お客さんにたてみち屋のレモンを指名してくる人が増えてきたよ!〟という声もいただきました」

見据える未来は「一年を通して、おいしいレモンを安定して供給すること」。

菅さんなら、やってのけそうだ。

# 東京のベッドタウンでとれた柔らかな酸味と甘みの「優《すぐ》レモン」

## 鵜殿シトラスファーム ［千葉県松戸市］

東京の隣で、皮ごと食べられる新鮮なレモンがとれるという事実をご存じだろうか？　現在各所で話題となっている「優レモン」の生産現場をのぞいてみた！

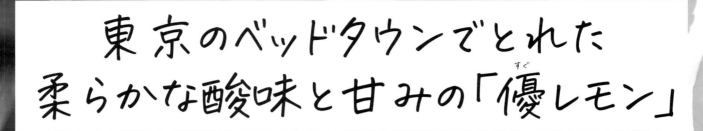

畑からとったレモンを大きさ別に分け、袋に入れて売られている。地元の方にも人気だ。

傾斜地と平地をふくめ、住宅街に4カ所のレモン畑が点在している。

鵜殿シトラスファームは、鵜殿さんと弟さん、奥さまと息子さん（写真）の4人で経営。

## 育ててみてわかったことだらけ 瀬戸際から生まれたレモン

千葉県松戸市。武蔵野線と常磐線が交差する新松戸駅の市街地に、柑橘類直売所『MONPE（モンペ）』はある。獲れたての新鮮な松戸産のマイヤーレモン、『優《すぐ》レモン』が大きさ別に袋詰めされて売られている。

「新松戸レモンなんて紹介されることもありますが、最初は瀬戸内に対して〝瀬戸際レモン〟なんてつけようと思っていたんですよ」

そう笑うのが、このMONPEで売られる優レモンを生産する、鵜殿シトラスファームの経営者・鵜殿敏弘さんだ。鵜殿さんは父から農地を引き継ぎトマトやナスなどを生産していた。が、2010年頃から、同じ場所に同作物を栽培することで成長が妨げられる「連作障害」が出始める。作物を変える瀬戸際に追いやられた鵜殿さんを救ったのは…。

「弟が経営していた園芸店にあったレモンを畑に植えたことがあったんです。そうしたら1本に400個くらいの実をつけたんです。そこからいくつかのレモンを試してみたら、マイヤーレモンが寒さにも強く収穫量も多いことがわかった。しかも寒風の中でも幹自体が枯れない特性を持っていることもわかったんです。それにこれからは温暖化も進んで、寒くなることはないだろう、と」

とはいえどんな結果になるか、苗木を植えてから5年ほどかかるが、鵜殿さんはチャレンジを続けた。

「場所を分けて植えてみたら、傾斜地は冷気が下に降りていくので、成長しやすいこともわかりました」

松戸という市街地の特徴も味方した。優レモンは、いつしか地元の人気となり、テレビでも紹介されて知名度もアップし、関東近隣の農家から相談を受けることも増えた。

柔らかな酸味と甘みを持った優レモン。残留農薬も検査済みだから皮まで使え、40～50㎖を搾って、焼酎とソーダに加えると、爽快感あふれるレモンサワーになる。

「いま、『璃《り》の香《か》』という日向夏とレモンの交配種も栽培しています。これは種が少なく果汁も多いので、サワーにもピッタリだと思いますよ」

こちらは来年あたりから店頭販売の予定だという。また、鵜殿シトラスファームの挑戦は続いているのだ。

### ＼直売所もあるよ！／

10～11月は酸味と香りが強めの早摘みのグリーンレモンが、それ以降は皮ごと食べやすいイエローレモンが並ぶ。レモンを使ったテイクアウトドリンク店「M＋」も併設（月・火曜以外）。

■柑橘類直売所 MONPE
☎ 090-4955-4543
住所／千葉県松戸市新松戸 6-16
営業期間／9月中旬～2月下旬
営業時間／10:00～なくなり次第終了
定休日／月曜日（月曜日が祝日の場合は翌火曜日）

レモンの可能性を求め、常に新しいことにチャレンジする鵜殿敏弘さん。

知って
おきたい

# レモンサワーの お酒 のこと

**焼酎、ウォッカ、ジン…、レモンサワーのベースとなるお酒はさまざま。**
**それぞれの特徴を知れば、レモンサワーライフはもっと豊かになる！**

## 甲類焼酎から日本酒まですべて包み込むレモンサワー

レモンサワーには「炭酸水」と「レモン」、そして「酒」が必要だ。ここではお酒の種類について触れていきたい。

レモンサワーの相棒としてポピュラーなのが甲類焼酎だ。雑味が少なくすっきりとしたものが多いので、レモンの風味をしっかり感じたい人にはおすすめ。値段も手頃で大容量のものが多いので、家で頻繁にレモンサワーを飲むという方にはぴったりだ。

同じ焼酎でも乙類焼酎は本格焼酎とも呼ばれ、原料そのものの風味が生かされやすいという特徴がある。そのため使われる原料も、米、麦、さつまいも、そば、黒糖などさまざま。以前はレモンサワーに用いられることは少なかったが、〝原料の味を生かして、おもしろいレモンサワーを〟という自由で個性的な発想から、乙類焼酎を好んで使う人も増えてきている。

ウォッカもレモンサワーにはよく用いられるお酒だ。小麦などの穀類やジャガイモなどの芋類を原料にした蒸留酒で、特徴はなんといっても

## レモンサワーのベースになる主なお酒

### 甲類焼酎

連続式蒸留によってつくられたアルコール度数36％未満の焼酎。乙類焼酎との大きな違いは「連続式蒸留機」で蒸留をおこなっている点。原料のもろみを蒸留機に連続的に投入して蒸留する方法で、これにより高純度のアルコールを取り出すことが可能になる。これは単式蒸留機で蒸留を繰り返すことと同じ原理で、それにより無色透明でピュアな味わいの焼酎をつくることができるのだ。

### 乙類焼酎

単式蒸留によってつくられたアルコール度数45％以下の焼酎。単式蒸留は伝統的な製法で、単式蒸留機に入れたもろみは一度の投入で一度だけ蒸留される。蒸留を繰り返さないので、アルコール以外の香味成分も抽出されやすく、原料となる「芋」「米」「麦」「そば」「黒糖」などの風味や味わいが楽しめるのだ。本格焼酎とも呼ばれており、ロックやお湯割りで楽しむ人が多い。

### 日本酒

日本特有の製法でつくられたお酒で、主に米、米麹、水でできている。焼酎などとは違う「醸造酒」。お酒そのものの味が強いのでレモンサワーなどではあまり使われてこなかったが、最近では個性派として注目されている。

### ウォッカ

穀物や芋類を、糖化、発酵、蒸留し、白樺などの活性炭で濾過、雑味成分を取り除いた無味無臭が個性の蒸留酒。果実や香草などで香りづけをしたものもあるが、お酒にクセがなく、アレンジしやすいためカクテルにも最適だ。

### ジン

大麦麦芽やトウモロコシなどの穀物を、糖化、発酵、蒸留し、その後「ボタニカル（植物）」を加えて再蒸留した無色透明なお酒。香りがよく、ボタニカル成分として柑橘を使用しているものも多いので、レモンサワーに使うと華やかな香りに仕上がる。

photo／Shutterstock

精米歩合80％のにごり酒をベースにしたレモンサワー（写真手前、28ページ「OPEN BOOK」）。

ほぼ無味無臭なこと。甲類焼酎以上にお酒にクセがないので、アレンジがしやすく、レモンやレモン以外に加える素材の味わいを感じやすい。

そのほかでは、ジンもレモンサワーのベースに使うとおもしろい。もともとジンの個性を決めるボタニカル（植物）として、柑橘系が使われることも多く相性は抜群。最近は小規模でジンの生産をおこなう「クラフトジン」が世界的なブームだが、個性豊かなクラフトジンとレモンサワーの共演は、今後ますます盛り上がっていくだろう。

最後に日本酒だ。これまでレモンサワーにはできるだけお酒にクセがないものがいいとされてきたが、「精米歩合80％のにごり酒」でもきちんとおいしいレモンサワーが登場している。レモンサワーの可能性は、やはり無限なのだ。

photo／写真AC

知って
おきたい

# レモンサワーの炭酸のこと

**意外と気にしない炭酸水も、実は種類によって個性はさまざま。
レモンサワーを極めるなら、知っておいて損はない！**

## ただの炭酸水と侮るなかれ 炭酸は意外と奥が深いのだ

前のページでは、レモンサワーの必須条件である「酒」について簡単に解説したが、ここでは炭酸水について触れていきたい。

炭酸水に求められるのは見た目の爽やかさと飲んだときのシュワシュワとした爽快な喉越しだろう。最近では「強炭酸」が定番になっており、意識せずとも強炭酸のドリンクを飲むことも多いはずだ。

ただし、「強炭酸＝おいしいレモンサワー」かといえば、そうとも言い切れない。レモンサワーの味わいによって微炭酸が合うこともある。

例えば、店で提供されていたり、市販されていたりするものには、店主や企業のこだわりがあり、炭酸の刺激や量もきちんと計算されている。

微炭酸であれば、刺激が強すぎないことで、レモンやお酒といった素材の味わいをより感じやすくなる。乙類焼酎や日本酒などをベースにしているレモンサワーは、微炭酸で味わうのもいいものだ。

また炭酸水の水質によっても、味や口当たりに違いを感じられるはずだ。水には硬度があり、硬度は水中

# 炭酸水もレモンサワーの主役だ

## 強炭酸

最近は「強炭酸」や「最強刺激」を謳った商品が主流だ。シュワシュワと爽快に喉を潤してくれるので、さっぱりとしたレモンサワーにもおすすめ。ちなみに「同じ炭酸水でも瓶のものとペットボトルのものでは味が違う」という噂があるが、メーカーの見解は「同じもの」とのことらしい。

## 外国産炭酸水

外国産の炭酸水はミネラルが豊富に含まれていて硬水のものが多い。フランスの「ペリエ」やイタリアの「サンペレグリノ」などが有名だ。炭酸のすっきりとした後味に加え、軟水では味わえないどっしりとした飲みごたえも。日本でも入手は容易なので、一度は試して違いを感じてほしい。

## 微炭酸

レモンやお酒の味わいをダイレクトに感じたいなら微炭酸もおすすめ。炭酸の刺激をあえて抑えることで、素材そのものの風味をしっかりと楽しむことができる。本格焼酎や日本酒などに合わせて使いたい。また、強炭酸の量を少なく調整することで、微炭酸にすることも可能だ。

photo／Shutterstock

photo／写真ac

炭酸の奥深さを知るのも楽しい

に含まれるカルシウムとマグネシウムの量を表したもの。WHO（世界保健機関）の飲料水水質ガイドラインでは硬度120㎎／L未満が「軟水」、硬度120㎎／L以上が「硬水」とされている。

一般的に軟水は〝まろやか〟で、硬水は〝どっしり・しっかり〟という印象。日本は水道水の約95％が軟水なので、多くの人にとっては軟水が身近な存在だ。そのため日本で生産されている炭酸水の多くは軟水で、まろやかなものが多い。

一方、硬水は外国産のものが多い。ミネラルが豊富に含まれているので、しっかりとした飲みごたえが特徴的。

使用する炭酸水によって、同じレモンとお酒でも風味が変わる。これもレモンサワーを楽しむひとつの方法なので、ぜひ飲み比べてもらいたい。

# レモンの健康効果を知ろう！

レモンは栄養の宝庫。
ビタミンCやクエン酸が豊富に含まれており、
免疫力アップや疲労回復に効果があるとされています。
ほかにも動脈硬化の予防、アンチエイジングなど
さまざまな効果が期待できる、
優れた食材なのです。

photo／Shutterstock

01

## 骨密度を高める

レモンに多く含まれるクエン酸には、カルシウムの吸収を促す「キレート作用」があるといわれています。乳製品や大豆製品などを食べるときにはレモンと合わせると効果的です。

02

## 疲労回復

疲労は活性酸素により細胞がダメージを受けることが原因のひとつとされています。レモンに含まれるビタミンCには抗酸化作用があり、活性酸素の除去を手助けてしてくれるのです。

参考／ポッカサッポロ フード&ビバレッジ株式会社ウェブサイト「レモンミュージアム」
（https://www.pokkasapporo-fb.jp/lemon-museum/）
シンクヘルス株式会社ウェブサイト
（https://health2sync.com/ja/blog/remon-nutrition/）

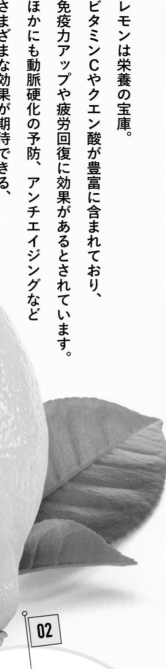

03

## 血糖値の上昇を抑制

研究によると、糖質を摂る前にレモンを摂取すると食中、食後の血糖値の上昇を抑制できることがわかってきました。また食事の前にレモンを摂ることで空腹感も抑えられます。

04

## 減塩効果

レモンの酸味には「塩味を引き立てる」という効果もあります。料理にレモンを加えることで減塩による物足りなさを酸味でおぎなうことができるのです。

05

## 動脈硬化を防ぐ

悪玉コレステロールが酸化すると血管へ付着しやすくなります。レモンに含まれるポリフェノール「エリオシトリン」は酸化を防ぎ、動脈硬化や血圧上昇を抑える働きが。生活習慣病の予防にも効果的です。

06

## 免疫力を高める

レモンに多く含まれているビタミンCには、優れた抗酸化作用があることがわかっています。風邪などの病気に対する免疫力を高めることができますので、毎日の食事にプラスして摂取することを心がけましょう。

07

## 美肌をサポート

ビタミンCはコラーゲンの生成を促すので、ハリのある美肌作りに役立ちます。また、シミの原因となるメラニンの生成を抑制する作用もあり、肌をきれいに保ちます。

# レモンの健康効果を知ろう！

08

## リラックス効果

レモンの爽やかで華やかな香りの正体は、レモンの皮に多く含まれる「リモネン」という成分。香りをかぐだけでもリラックス効果や、集中力アップも期待できます。

09

## 若さを保つ

レモンのビタミンC含有量は柑橘類の中でもトップクラス。ビタミンCは抗酸化作用があるため身体の酸化を防ぎ、老化防止・アンチエイジング効果も期待できます。

COLUMN

# 国産レモン解禁！ LEMON《レモン》 NOUVEAU《ヌーヴォー》 開催!!

２０２３年10月14日・15日の2日間、国産レモンのシーズン到来を祝うイベント「レモンヌーヴォー」が自由が丘のダイニングバー「ブセナンテ」で開催された。

このイベントは２０１９年の第1回を皮切りに、毎年10月に開催されている。なぜ10月なのかといえば、ハウス栽培ではない露地栽培（屋外の畑で自然に栽培すること）の国産レモンは、この頃から実がぎっしりとつまり、収穫・出荷の時期を迎えるからだ。

レモンはスーパーなどで通年見られる食材なので、旬がわかりにくいかもしれないが、自然な状態のレモンは10月〜11月に酸味が強く、爽やかな香りが特徴のグリーンレモン、その後、熟していくにつれて糖度が増し、酸味がまろやかになり、味にコクや深みの出るイエローレモンになっていく。

このレモンのシーズンを広めるべく始まったのが「レモンヌーヴォー」で、お気づきの方もいると思うが「ボジョレーヌーヴォー」から着想したものだ。

提供されるフードメニューも「レモン唐揚げ」や「レモンパスタ」などレモンにちなんだ魅力的な味わいが並ぶ。もちろん旬のレモンを使ったイベントオリジナルのレモンサワーも用意された。

２０２３年は「レモンサワーと音楽」をテーマにDJやミュージシャンによるライブも開催。来年以降も趣向を凝らして継続される予定なので、興味のある方はぜひ参加してみよう。

レモンサワーと音楽をテーマにした「レモンヌーヴォー2023」で供されたレモンサワー（左）とポスター（右）。

CD,AD:mukitate　D,IL:トミタリサ

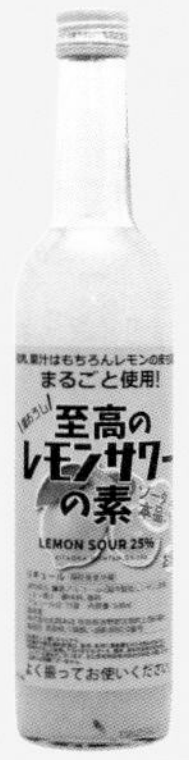


## 大ヒット商品からご当地の逸品まで

# 毎日飲みたい レモンサワーが 目白押し！

どんな料理にも合うレモンサワーは食中酒としても最適。ここからは自宅で飲める市販のレモンサワーを紹介。さらに、識者によるレモンサワー缶座談会もお楽しみください！

もっと味わい深くなる！

ストロングおじさん×りおレモン×レモンザムライ
**レモンサワー缶座談会**

□ 定番商品 18 選　□ ご当地レモンサワー 11 選　□ ご当地リキュール 6 選

こだわりレモンサワー
檸檬堂
定番レモン
KIRIN
本搾り
レモン
果汁12%
ALC.6% スピリッツ(発泡性)①
こだわり酒場
レモンサワー
定番の味
SUNTORY
The 檸檬
CRAFT
Premium
極上レモン
KIRIN
氷結
無糖
レモン
KIRIN
氷結
SAPPORO
定番
濃いめの
レモンサワー
TaKaRa
PREMIUM
CHU
HI
レモン
TaKaRa
焼酎
ハイボール
レモン
辛口チューハイ
KARAKUCHI
麒麟百年
極み檸檬 サワー
SAPPORO
pokkaSapporo
ニッポンの
シン・レモンサワー
新
麒麟特製
レモンサワー
無糖
レモンサワー
CLEAR
COOLER
SAPPORO
濃いめの
レモンサワー
RYUKYU
LEMON SOUR
琉球レモンサワー
沖縄県産素材100%
GODO
NIPPON
PREMIUM
瀬戸内産
レモン

ストロングおじさん × りおレモン × レモンザムライ

もっと味わい深くなる!

## 迷ったときのチョイスから缶チューハイの歴史まで

# レモンサワー缶座談会

コンビニに入れば、冷蔵庫にはそれまでの酒の王者・ビールを押しのけんばかりにレモンサワーが並んでいる。どれを選べばいいか迷っているあなたのために、知識も味わいも深くなる座談会を開催！　レモンサワーのお供にどうぞ！

構成／一角二朗

63ページに飲み比べ味わいチャート掲載!

もっとレモンサワーが好きになる!

## 爽やかで、酸味があるけれど後味が残らない

――今回は本書の監修者・レモンザムライさんをはじめ、レモンサワーを愛好する人たちに人気の理由と、レモンサワーのこれからを語っていただこうと思ってこの座談会を開きました。

**りおレモン（以下：R）** レモンサワーの「これから」って壮大なワードですね（笑）。

**ストロングおじさん（以下：S）** 僕はストロング缶が出始めた2017年から研究を始めた缶チューハイの研究家だから、レモンサワー専門というわけではないんですが…（笑）。

**レモンザムライ（以下：Z）** ストロングおじさんは分析のオーソリティーですからね。とはいえ、レモンサワーを飲む回数は多いでしょう？

**S** やっぱり、チューハイ・サワー界の中で最もポピュラーなので、当然のように飲む回数が多くなりますね。

**Z** りおレモンさんは、全国のレモンサワーを飲み歩くYouTuberとしてご活躍ですが、レモンサワー好きになったきっかけってあるんですか？

**R** 私は5年前、二十歳になったときに、「ほろよい」を買って飲み始めたところから始まるんですけど……。

**S** 宅飲みからですか。

**R** そうです。そのうちお店へ行ってハイボールを飲むようになったんです。でも、結構酔いつぶれることがあって、苦手意識が出てしまったんです（笑）。

**Z** そこからレモンサワーに？

**R** はい。何よりも飲みやすいというのが大きなポイントでした。

**S** その飲みやすさっていうところが、レモンサワーが普及した要因ですよね。

**R** わかります。昔はお酒の場に行くと、「とりあえずガンガン飲もう！」という風潮だったんですけど、最近はお酒を飲まない方も増えて、個人の好みに合わせてお酒を楽しむスタイルが定着したじゃないですか。そう考えるとレモンサワーは、アルコールが控えめな感じがして、「ちょっと飲みたい」というときにもピッタリなんですよね。

## レモンサワー普及の影にはEXILE伝説が…？

**S** ザムライくんは飲食店に勤めていたという話だけど、お酒を提供する立場としてはどうなの？

**Z** レモンって酸味があるのに、他の柑橘類に比べても後味が残りにくい爽やかさがある。だからどのアルコールにも合うし、違和感を抱かせないよう、丸みを持たせた味にすることができる、バランスのいい風味があるんですよ。

**S** やっぱり極端に甘くなくてクセがないというところにつきるのかな。あまり飲まない人にもとっつきやすい。

PROFILE

**ストロングおじさん**

年間1000本以上の缶チューハイを飲む。趣味でもあったパワーポイントを駆使して、新製品レビューから製品開発・プロモーション企画の支援まで手がける缶チューハイ研究家。

■「ストロングおじさんのパワポでまとめるRTDの世界」
https://www.strong-ojisan.com/

**レモンサワーは常に時代の欲求を満たす商品づくりが行われてきた。**

ストロングおじさん

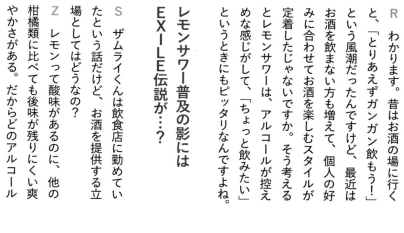

一方で普段からお酒を飲む人にとっても甘くなくて爽快感があるから。

**R** 万人に受け入れられやすい味なんでしょうね。

**S** そういえば、ザムライくんはなんでレモンサワーにハマったの？

**Z** 僕はアラフォーで、ストロングおじさんとひとつしか年齢が変わらないんですが（笑）、もともとハマったお酒を飲み続けるタイプだったんですよ。20代前半はビールだったんですが、30過ぎた頃からお茶割りにいって……。

# レモンサワーは、個人に合わせた飲み方が定着した時代にピッタリ。

りおレモン

**R** お茶って緑茶とかですか？

**Z** 緑茶もそうだけど、抹茶割り、ジャワティ割りとか、お茶割りの懐の深さにひかれていくうちに、レモンサワーにハマっていったんです。

**S** 爽やかさを追っていった感じだね。

**Z** その頃働いていた飲食店の仲間と飲みに行って、レモンサワーばかり飲んでいたら、「お前はEXILEか！」って言われたんですよ（笑）。

**R** EXILEってアーティストの？

**Z** そう。EXILEの皆さんは、結成当初からレモンサワーを愛飲していて、ライブの打ち上げで、メンバーとスタッフで2500杯飲み干したという伝説がありまして…。

**R** 一晩で？ すごい。

**Z** それ以降、オジサンの飲み物という感覚のあったレモンサワーが、若者層にも注目されるようになりました。その頃ちょうど、横丁文化が再評価されるムーブメントが起きて、さらにスポットが当たっていったんです。

## 大衆酒場から居酒屋チェーンへ レモンサワー草創期

――ところで、そもそもレモンサワーのはじまりはどこからなんでしょう。

**Z** 60年以上前に、東京・中目黒にある「もつ焼き ばん」というお店がメニューに入れたのが最初だと言われています。「ばん」になる前の店で、誰かがチューハイにレモンの搾り汁を入れたところから始まったみたいですよ。

**R** 焼酎を炭酸で割るから「チューハイ」ですね。

**Z** タンチュー、もしくは焼酎ハイボールという呼び方もありましたが、このお店で名前をつけるときに常連さんたちで話していて、「爽やかな味」だから「レモン」＋「サワー（爽やか）」にしたという話があるんです。

**R** つまり「レモンサワー」「レモンチューハイ」とか呼び方は違うけど、みんな一緒ということですね（笑）。

**Z** だからサワーって日本独自の文化なんですよね。海外で「レモンサワー」というと、無炭酸でレモン果汁の入ったショートカクテルが出てきます。

**R** 気をつけよう（笑）。

**Z** 東日本では「サワー」が広がったんですが、西日本では「チューハイ」と呼ぶのが一般的だったんです。だけど、博水社が1980年に、「ばん」の味をもとにした焼酎割り用の「ハイサワーレモン」を発売して、「サワー」の名称が浸透していくようになりました。社長さんが「ばん」の常連さんだったみたいですね。

**R** 「ハイサワー」もお店でよく見ますけど、そんな歴史があったんですね。

PROFILE

**りおレモン**

赤提灯・大衆酒場とレモンサワーへの愛が高じて、2020年からはレモンサワーをひたすら飲み歩き、全国ひとりほろ酔いレポートをするYouTube投稿を始め、話題に。毎日（週2回は長編）動画を投稿している。

■YouTube
https://www.youtube.com/@riolemon888

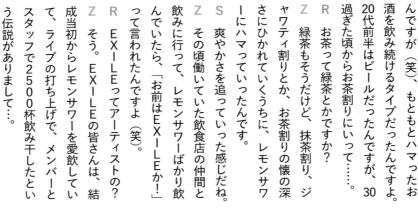

私は「ハイリキ」も好きで、必ずお店へ行くと探しますもん（笑）。

**S** 「ハイリキ」が出たのは、1983年ですね（笑）。80年代には「村さ木」「つぼ八」といった若者向けの居酒屋チェーンが本格的に全国展開を始めます。レモンサワーが普及していったのも、その流れに乗ったところが大きいでしょう。当時の言葉で言えば、「ナウなヤング」のお酒になったわけです。

## 「canチューハイ」から「氷結®」へ レモンサワー缶のミッシング・リンク

**Z** そこからレモンサワー缶発売となるんですが、あとは専門家にお任せします（笑）。

**S** はい（笑）。1984年に宝酒造が「タカラcanチューハイ」を発売したのが最初です。若者向けに軽快なデザインを取り入れて、テレビCMも映画『サタデー・ナイト・フィーバー』などの人気俳優ジョン・トラヴォルタを起用して話題になったんですよ。

**Z** 「タカラcanチューハイ」は定番商品になりましたもんね。

**S** たしかにレモンサワーという飲み物は定番になった。ところが、後発でレモンサワーとしてのヒット商品がなかなか現れなかったんです。だから1980年代の若者たちにとっての定番が、彼らの年齢が上がるとともに、再び「オジサンの飲み物」のイメージになってしまった。

**R** そんな時期があったんですか。

**S** その長い空白期間を破ったのが、2001年にキリン・シーグラム（現：キリンディスティラリー）が開発した「氷結果汁（現：氷結®）シチリア産レモン」（「フレッシュグレープフルーツ」と同時発売）です。ところで、りおさんは移動するときなんか、お酒を飲みたくなることありません？

**R** それはやっぱり、新幹線とか長い移動をするときにはレモンサワーを飲みたくなります（笑）。

**S** まさにそれで、キリンの開発の方によると、〝女性が新幹線で飲んでも恥ずかしくない、カジュアルな缶チューハイを作ろう〟というのが、発想のもとだったらしいんですよ。

**Z** 当時のデザインも今の商品とあまり変わらないけれど、だいぶポップですもんね。

**S** 「タカラcanチューハイ」は焼酎ベースでお酒の味がしっかり出ているけれど、「氷結®」はウォッカベースで果汁感を前面に押し出している。

**R** 味もカジュアルさを取り入れているんですね。私の両親もレモンサワー好きで、「氷結®」をよく飲んでいます。

**Z** ご両親も「氷結®」世代かな（笑）。

**クラフトビールならぬ、クラフトレモンサワー缶を世に出したい。**
レモンザムライ

## ストロングブームからの転換 カジュアル化するレモンサワー

**Z** 僕が好きな「本搾り™チューハイレモン」が出たのが2003年です。最初はワインメーカーのメルシャンが出していた。

**R** 「本搾り™」って思ったより昔から出ていたんですね。

**S** そのあと、2006年に「タカラ焼酎ハイボール」が発売されて話題になりますが、辛口でお酒呑みの男性に向けた商品だったんです。

**Z** なるほど。現行の商品も、アルコールの存在感が浮き出ていますね。

**S** そこからレモンサワーがより一般的な飲み物になるには、先ほどザムライくんの体験したEXILE伝説と、横丁文化の再評価がされる2010年代まで待つことになります。それから、徐々に飲食店でもレモンサワーが浸透していった。缶の世界でも2010年代のストロング缶ブームが、レモンサワー缶に置き換わって、本当の意味でカジュアルにレモンサワーを楽しめるようになったわけです。

**R**　カジュアル化ってわかる気がします。たしかに私がお酒を飲み始めた頃には、もうレモンサワーは普通に誰でも手に取りやすいお酒になっていましたから。

**S**　世代がわかるな～。じゃあ酒を飲み始めたのはつい最近じゃない！　僕なんて「タカラcanチューハイ」と同い歳なのに！

**R**　私がOLだった頃は、仕事帰りにコンビニでレモンサワーと、コーヒー用の氷の入ったコップを買って、土手とか商業施設の屋上とか、見晴らしの良い場所で飲んでいました（笑）。

**S**　レモンサワーブームの中で、居酒屋が他のお店と差別化を図るように、少しずつアレンジを加えたりする、凝ったレモンサワーを出すようになったんですよね。

**Z**　それが缶のほうにも浸透していった、と。

**S**　そう。2018年に日本コカ・コーラが「檸檬堂」を九州限定で発売、翌年には全国展開していった。ここで缶の「こだわり酒場のレモンサワー」も登場して、次々と新しいレモンサワーが発売されていったわけです。

**R**　なるほど、勉強になります（笑）。

## 「檸檬堂」「こだわり酒場の～」それぞれのバランス感覚

――皆さんに集まっていただいたので、それぞれ好きなレモンサワー缶を3つ挙げてもらえますか。それとストロングおじさんオリジナルのチャートを参考に、皆さんで「味わいチャート」を作っていただきたいのですが…。

**S**　チャート作りは大変なんですよ…（笑）。普段、どれだけ時間をかけて作ってると思ってるんですか…。

**Z**　じゃあ、好きな商品について忌憚なく話していきましょう！（笑）

**R**　うわー、迷っちゃうなあ…。私はやっぱり「氷結®」ですね。これはレモンサワー缶を飲む人には外せない1本じゃないですか？　スッキリしていて甘すぎない、一番バランスのとれた味だと思います。

**S**　これが定番化するのもうなずける。「氷結®」と差別化を図る商品づくりは大変だと思いますね。

**R**　そういう意味でいったら「檸檬堂定番レモン」ですね。少し甘いものが飲みたいときにはピッタリ！

**Z**　僕も甘さとレモン感が濃厚な「檸檬堂」は好きですね。その逆のところでバランスがとれている「こだわり酒場のレモンサワー」も選びたい。そして「本搾り™」。20年前からウリにしている無添加は大きいですし、やはり多くの缶チューハイの中でもレモンの存在感は一番ですよ。

**S**　僕は名前の通り、辛口でお酒感が強いほうが好きだから（笑）、「タカラ焼酎ハイボール レモン」。あとは「麒麟特製レモンサワー」を推したいな。ストロングだけど、レモンのいろんな部分を使っていて、果汁が香ったあとに、皮の渋みも感じられる重厚なレモンサワーなんですよ。

**R**　アルコールが9％なこともあって、舌に重みを感じる味ですね。

**Z**　あと1本何にします？（笑）

**R**　私は、スッキリの「氷結®」、濃厚な「檸檬堂」で、ちょっと辛口なものを飲みたいときには「氷結®無糖レモン」です。

**S**　僕もラスト1本は「氷結®無糖レモン」に決めていたんですよ（笑）。

## 無糖ブームに見るトレンド 食事に合うレモンサワー

**Z**　お二人が偶然無糖を挙げたんですが、ここ最近これだけ多くのレモンサワーが出ている中で、無糖がブームですよね。

**S**　レモンサワーではない「翠ジンソーダ」とか、最近人気の「こだわり酒場のタコハイ」、ウイスキーのハイボール缶とかが出てきている中でも、レモンサワーはまだ缶チューハイのトッ

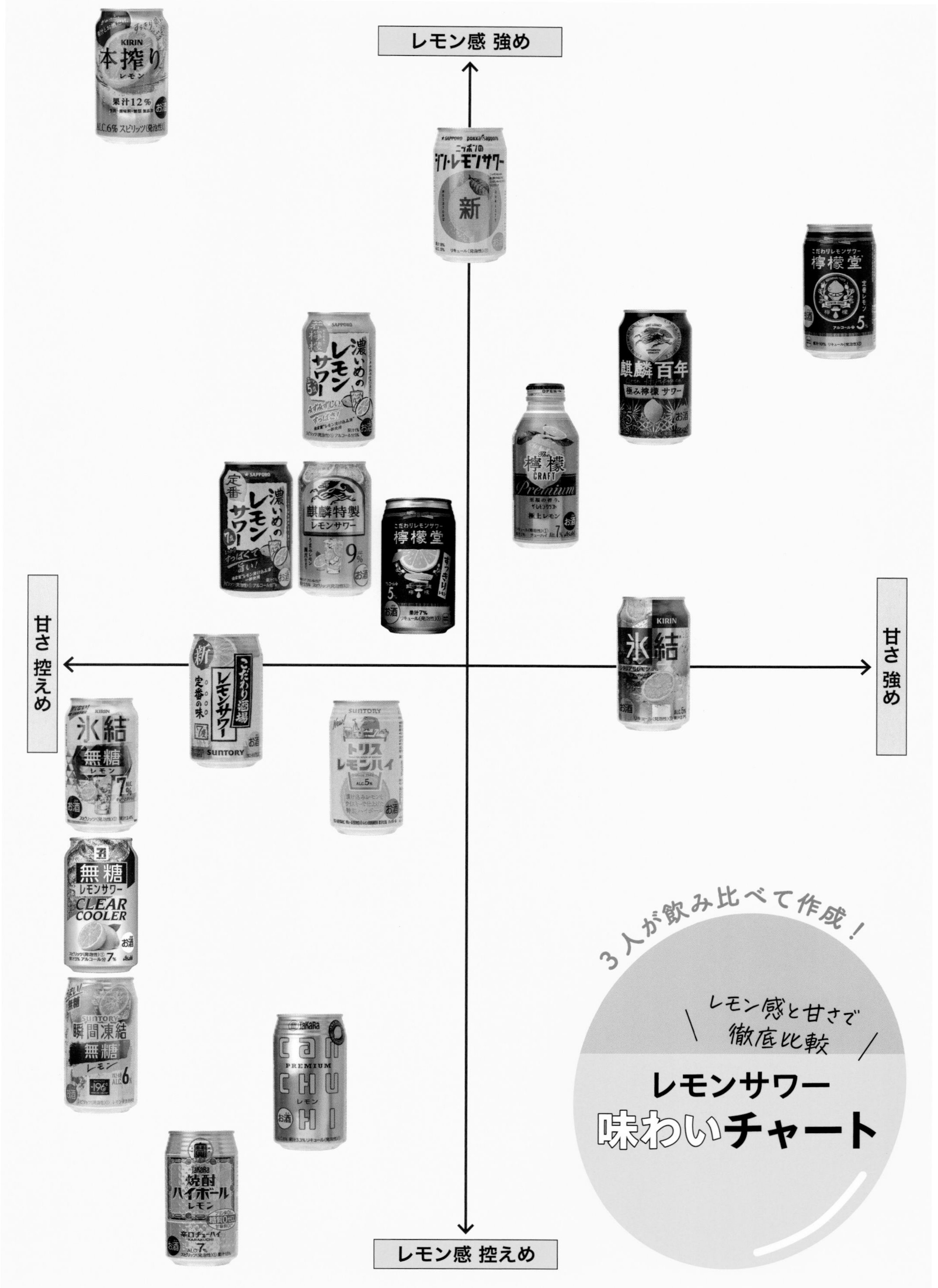

レモン感 強め
レモン感 控えめ
甘さ 控えめ
甘さ 強め
3人が飲み比べて作成！
レモン感と甘さで
徹底比較
レモンサワー
味わいチャート

りおレモン
厳選3缶

氷結®シチリア産レモン

氷結®無糖 レモン

檸檬堂 定番レモン

レモンザムライ
厳選3缶

本搾り™レモン

こだわり酒場のレモンサワー

檸檬堂 定番レモン

ストロングおじさん
厳選3缶

タカラ
焼酎ハイボール レモン

氷結®無糖 レモン

麒麟特製 レモンサワー

プシェア。ただし、今後のレモンサワーのライバルは他の無糖商品になっていくだろうと感じています。〝競合相手は他社のレモンサワー〟という時代は終わったんじゃないかな。

Z 無糖に求められているものって何だと思います？

S やっぱり食事に合う食中酒の役割を果たす商品ってことでしょうね。

R そうですよね、私はおつまみに唐揚げとかホルモンとかを頼むことが多いのですが、そこではやっぱり甘いレモンサワーではなく、辛口なものを飲みたくなります。

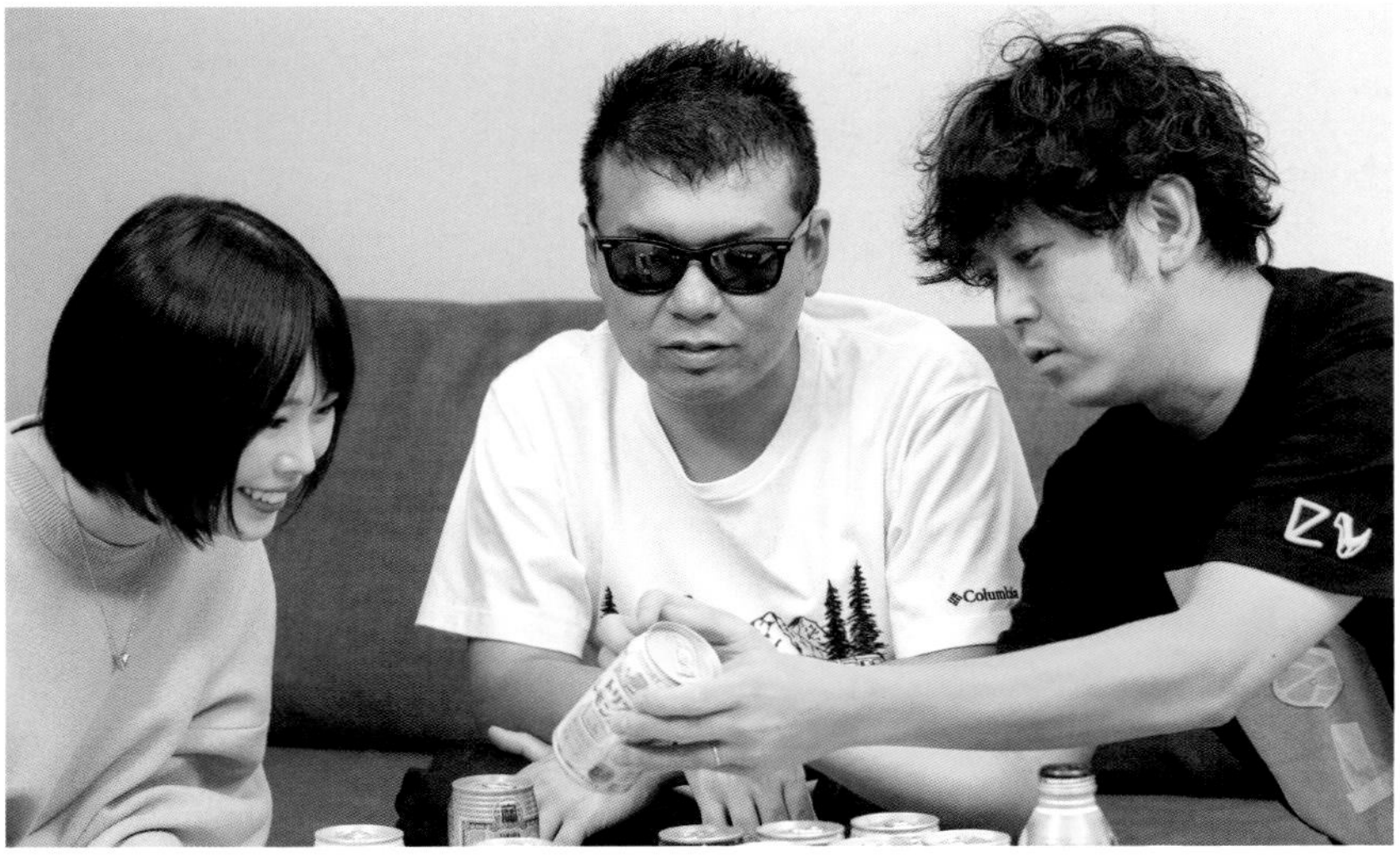

S 食中酒としてのレモンサワーに求められていた役割は「洗い流す」ことだったんです。でも今はニーズが変わって、食中酒には〝食事の味わいをより引き立てる〟ということが求められている。それが「クラフトスパイスソーダ」など、レモンサワー以外の商品にはあるのですが、レモンサワーでは見当たらない。今後はそういう商品の登場を期待したいですね。あとは1杯目から飲める、「とりあえずビール」に対抗できるレモンサワー（笑）。

R 私は1杯目からレモンサワーですけど（笑）。なんだか、ちゃんとレモンサワー界の「これから」のお話になってきましたね。

Z でも今後、独自の道を歩むレモンサワーはもっと現れてくるでしょうね。

S ザムライくんが考える、今後のレモンサワー界の展望は？

Z 僕はレモンサワーを提供していく側なので…今後、クラフトビールならぬクラフトレモンサワーを作れたらいいな、と考えているんです。どうしても大量生産になるとレモンにさまざまな処理を加えなくてはいけないので、フレッシュなレモンを堪能できるようなクラフト缶を作れないか、と。

R おもしろそうだし、おいしそうだけど…、難しいんじゃないですか？

Z 少ないロットでも缶飲料を作れる工程を探っているところです。これまで類のないレモンの新鮮さを味わえる商品を作りたいし、いち消費者としても飲んでみたいんですよ。

S 風穴を開ける商品に期待したいね。

Z りおさんは、今後のレモンサワーに期待したいことって、どうかな？

R えっ？ 期待したいことですか？ うーん、「ハイリキ」をどこでも買えるようにしてほしい！（笑）

S それも素直な消費者の気持ちだね（笑）。よろしくお願いします！

COLUMN

## 念願がかなった！ オリジナルのクラフトレモンサワー缶、誕生！

本書監修のレモンザムライさんですが、実は缶入りの「クラフトレモンサワー」を作っていました。

座談会では「缶入りのクラフトレモンサワーを作りたい！」と話していましたが、実はこのとき、すでに試作を重ねていたんですね。

「作りたいと考えた動機は単純で、好きなレモンサワーを缶で飲みたかった、ただそれだけです（笑）」（レモンザムライ）

試作を重ねてたどり着いた第一弾。

産みの苦しみはあったはずですが、楽しげに制作過程を振り返ります。

「用意した缶にウォッカ、レモン、炭酸、シロップなどの材料を入れます。言葉にすると簡単ですが、ここにこだわりが詰まっています。あとは機械に任せれば蓋がされて缶入りのオリジナルレモンサワーの出来上がり。その缶に自分たちでラベルを貼っていきます。

ラベルはシールを印刷できる印刷会社に頼んでいます。刷り上がったものをサワーが充填された缶に貼っていく作業は、たいへんですが楽しいですよ」（レモンザムライ）

海外では自分たちで作りたい！と思えば結構簡単にできるそう。現状ではまだ作れる場所に限りがありますが、数年後には日本全国で作れるようになるといいですね。

家族や友人へのお土産にクラフトレモンサワー缶を。そんな時代がやってくるかもしれません。

レモンザムライさん制作のオリジナルのクラフトレモンサワー缶。赤ら顔の侍がかわいい。

レモン感じる！

# 定番商品18選

文／一角二朗

KIRIN

## 本搾り™レモン

2003年にメルシャンより発売され、2007年からはキリン（現:麒麟麦酒）に継承されて今日に至る。糖類無添加で果汁にウオッカと炭酸を加え、「果実そのままのおいしさ」を追求し続けている。「缶チューハイの奥深さを教えてくれた一本です。必ず飲む前に缶を逆さにして飲んでください！」（レモンザムライ）。

果汁
12%

**DATA**

- 品名：スピリッツ（発泡性）
- アルコール分：6%
- 原材料：レモン（イスラエル、イタリア）、ウオッカ／炭酸

日本コカ・コーラ

## こだわりレモンサワー 檸檬堂 すっきりレモン

檸檬堂の新たなラインナップとして2023年に発売。「前割りレモン製法」に加えて、国産のレモンピールで仕立てた「ほろにが仕込み」により、「檸檬堂の濃厚さのトーンを抑えている代わりに、ほろ苦さを引き立ててスッキリした味わい」（ストロングおじさん）。揚げものなどに合わせやすいのがポイント。

果汁
7%

**DATA**

- 品名：リキュール（発泡性）
- アルコール分：5%
- 原材料：レモン（輸入）、レモンピールエキス、スピリッツ、食塩、果糖ぶどう糖液糖／炭酸、香料、酸味料、酸化防止剤（ビタミンC）

日本コカ・コーラ

## こだわりレモンサワー 檸檬堂 定番レモン

日本コカ・コーラ社初のアルコール飲料として2018年から発売（翌年から全国発売）。前割り焼酎に想を得て、あらかじめ丸ごとすりおろしたレモンとアルコールをなじませた「前割りレモン製法」が特徴。「甘さもあり濃厚で、つい飲んじゃう魅力」（りおレモン）で、新たな定番商品として定着したのも納得の1本。

果汁
10%

**DATA**

- 品名：リキュール（発泡性）
- アルコール分：5%
- 原材料：レモン（輸入）、果糖ぶどう糖液糖、スピリッツ、食塩／炭酸、香料、酸味料、酸化防止剤（ビタミンC）

KIRIN

## 氷結®
### シチリア産レモン

「レモンサワー缶のファーストチョイスはやっぱりコレ」（りおレモン）という方も多いだろう。2001年に「氷結果汁」として発売され、レモンサワー缶の購買層を大きく広げた商品。主に使われているイタリア・シチリア産のレモンが持つ風味を生かすためにソフトな口当たりの「クリアウオッカ」を使用している。

果汁
**2.7%**

**DATA**

- 品名：リキュール（発泡性）
- アルコール分：5%
- 原材料：レモン果汁、レモンエキス、ウオッカ（国内製造）、糖類／炭酸、酸味料、香料

KIRIN

## 氷結®
### 無糖レモン Alc.7%

糖類・甘味料を使わずに「氷結®」らしさを引き出した「無糖レモン」。どんな食事にも合わせやすいスッキリ爽快な口当たりは、飲みやすく飽きがこない。「発売以降、缶チューハイのトップを走りながら、味を時代に合わせて変えているのがこの商品のすごいところですね」（レモンザムライ）。

果汁
**3.4%**

**DATA**

- 品名：スピリッツ（発泡性）
- アルコール分：7%
- 原材料：レモン果汁、ウオッカ（国内製造）／炭酸、酸味料、香料

KIRIN

## 麒麟百年
### 極み檸檬サワー

2023年発売。創業1907年のキリンビールが、100年を超えた独自の醸造技術を活用。厳選した複数のレモン果汁＋ビール酵母によるオリジナルの発酵果汁の香り、そして苦みと酸味の存在感は「レモンをしっかりと味わいたい人にオススメ」（ストロングおじさん）。なめらかな口当たりも心地よい。

果汁
**8%**

**DATA**

- 品名：リキュール（発泡性）
- アルコール分：5%
- 原材料：レモン（イスラエル、イタリア）、発酵レモン果汁、スピリッツ、糖類／炭酸、酸味料、香料、乳化剤

SUNTORY

## こだわり酒場のレモンサワー

2018年に「こだわり酒場のレモンサワーの素」が発売、翌年から缶入り商品が展開された。浸漬酒と複数の原料酒を独自の黄金比率でブレンドした、「コアなレモン感」（ストロングおじさん）によって、缶チューハイのみならず、居酒屋でも定番商品となり、近年のレモンサワーブームの立役者ともなった。

レモン浸漬酒使用

**DATA**

- 品名：スピリッツ（発泡性）
- アルコール分：7%
- 原材料：レモン、スピリッツ（国内製造）、焼酎／酸味料、炭酸、香料、甘味料（アセスルファムK、スクラロース）

SUNTORY

## トリスレモンハイ

今回取り上げるレモンサワーの中で、唯一ウイスキーベースの一本。遠目からでもトリスとわかる柳原良平画伯によるアンクルトリスが目印だ。「味わいレモン浸漬酒」による爽やかな甘さに加え、「トリスウイスキーの香りが立っていて」（りおレモン）、まろやかな口当たりを感じられるのがポイント。

果汁
0.5%

**DATA**

- 品名：リキュール（発泡性）
- アルコール分：5%
- 原材料：ウイスキー（国内製造）、レモンスピリッツ、レモン、糖類／炭酸、酸味料

KIRIN

## 麒麟特製 レモンサワー（ALC.9%）

レモンを12時間以上煮込んで凝縮した「うまみエキス」、レモンを凍らせてすりおろす「凍結レモンパウダー」、複数の味わいが違う「追いレモン果汁」など、レモンの風味を最大限に生かす製法をほどこした、まさに「特製」。「アルコールの重みより、レモンの重厚感が感じられます」（ストロングおじさん）。

果汁
2.5%

**DATA**

- 品名：スピリッツ（発泡性）
- アルコール分：9%
- 原材料：ウオッカ（国内製造）、レモン果汁、シトラスエキス、レモンパウダー／炭酸、酸味料、香料、甘味料（アセスルファムK、スクラロース）

セブン＆アイ

### セブンプレミアム
## クリアクーラー
### 無糖レモンサワー

定番人気の「クリアクーラー」シリーズに新たに加わった無糖レモンサワー。しっかりとした果実感と、無糖ならではのスッキリ感を両立させた１本。甘くないのでどんな料理とも合わせやすく、飲み飽きしない味わい。冷蔵庫に常備しておきたい、そんなレモンサワーだ。セブン＆アイグループ限定販売。

果汁
3%

**DATA**

- 品名：スピリッツ（発泡性）
- アルコール分：7%
- 原材料：ウオッカ（国内製造）、レモンスピリッツ、レモン果汁、レモンピールエキス／炭酸、酸味料、香料

Asahi

## ザ・レモンクラフト
### 極上レモン

バーテンダーの香りづけの技を再現すべく開発されたアサヒ独自の特許によって、香り成分濃厚な柑橘オイルをひと搾りした「プレミアムクラフト」シリーズの１本。「缶チューハイの中でも、ボトル缶形状が特徴的」（レモンザムライ）で、ふたをひねった瞬間にただよう香りを楽しめるようなつくりとなっている。

果汁
1%

**DATA**

- 品名：リキュール（発泡性）
- アルコール分：7%
- 原材料：ウォッカ（国内製造）、レモンスピリッツ、レモン果汁、レモンエキス、レモンピールエキス、糖類／酸味料、炭酸、香料、ビタミンC

SUNTORY

### -196℃
## 瞬間凍結
### 無糖レモン

ストロング缶ブームを呼んだサントリーが誇る「-196℃製法」によって低温で凍結・粉砕したレモンを、低度数のウォッカに浸漬することで「レモンの皮や種が持つ香りや苦みが引き立つ」（ストロングおじさん）ため、無糖でありながらレモンの風味を感じやすく、肉料理などにピッタリの缶チューハイと言える。

レモン
浸漬酒
使用

**DATA**

- 品名：スピリッツ（発泡性）
- アルコール分：6%
- 原材料：レモン、ウォッカ（国内製造）／酸味料、炭酸、香料、酸化防止剤（ビタミンC）

SAPPORO

## 濃いめのレモンサワー 若檸檬

「濃いめのレモンサワー（定番）」の姉妹商品として発売。これも「若檸檬」というネーミングそのままに、早摘みしたレモンの味わいを再現している。「（定番）に比べてすっぱくて、ちょっとおもしろい味ですね」（りおレモン）。アルコール度数もそこまで高くないので、この独特の酸味がより引き立ってくる。

果汁
1%

**DATA**

- 品名：スピリッツ（発泡性）
- アルコール分：5%
- 原材料：レモン果汁、ウォッカ（国内製造）、レモン浸漬酒／酸味料、炭酸、香料、苦味料、酸化防止剤（ビタミンC）、甘味料（スクラロース、アセスルファムK）

SAPPORO

## 濃いめのレモンサワー 定番

2020年に「濃いめのレモンサワーの素」を発売。翌年に缶チューハイをリリースした。「『濃いめ』という名乗りで独自のポジションを得た」（ストロングおじさん）、そのネーミングの通り、シチリア産手摘みレモン果汁にプラスして自家製レモン漬け込み酒を一部使用。レモン味が濃くてしっかりすっぱい味わい。

果汁
1%

**DATA**

- 品名：スピリッツ（発泡性）
- アルコール分：7%
- 原材料：レモン果汁、ウォッカ（国内製造）、レモン浸漬酒／酸味料、炭酸、香料、甘味料（スクラロース、アセスルファムK）、酸化防止剤（ビタミンC）

SAPPORO

## ニッポンの シン・レモンサワー

「迷わず選べる『シン・定番』レモンサワー」をコンセプトに2023年から発売。ポッカサッポロフード＆ビバレッジが開発した「セミクリア果汁」「レモンピューレ」を使って、ジューシーな味わいを表現した、「とてもバランス感のあるレモンサワー」（りおレモン）で、いろんな食事にも合わせられる1本だ。

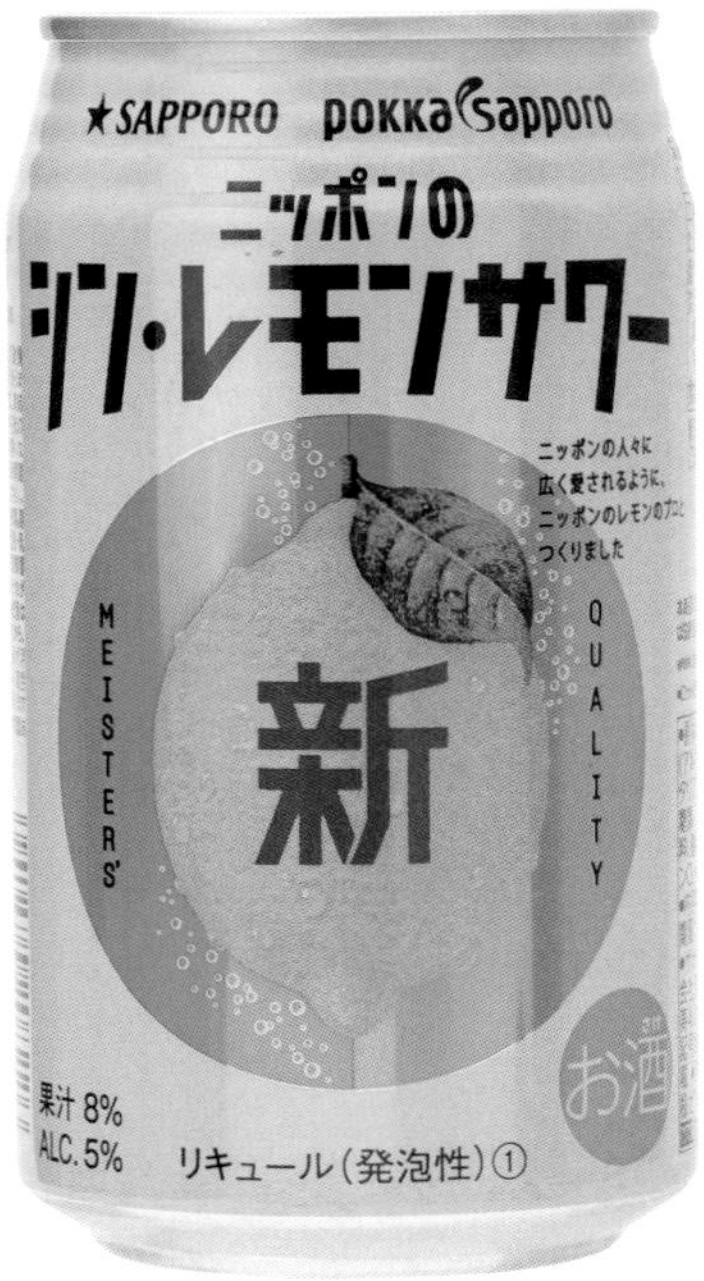


果汁
8%

**DATA**

- 品名：リキュール（発泡性）
- アルコール分：5%
- 原材料：レモン果汁（アルゼンチン製造、イタリア製造）、ウォッカ、糖類／炭酸、酸味料、香料、酸化防止剤（ビタミンC）

番外編

SUNTORY

## こだわり酒場の
# タコハイ
## プレーンサワー

居酒屋で『タコハイ』の愛称で親しまれるプレーンサワーをヒントに開発。焙煎麦焼酎を炭酸で割り、ほのかにレモンの香りをただよわせた1本だ。「レモンの香りがするから仲間でしょ！」（ストロングおじさん）。「間口の幅広さこそレモンサワーの魅力ということで（笑）」（レモンザムライ）。

果汁
0.3%

**DATA**

- 品名：リキュール（発泡性）
- アルコール分：6%
- 原材料：スピリッツ（国内製造）、レモン、糖類／炭酸、酸味料、香料

宝酒造

## タカラ
# 焼酎ハイボール
## 〈レモン〉

炭酸が強めで舌への刺激が強く、焼酎ならではの飲みごたえがあり、下町酒場の懐かしい味を再現している。「辛口派の自分としては、一番のレモンサワーはこれですね」（ストロングおじさん）。レモンの爽やかさより、お酒の味をじっくり楽しみたい、というときにピッタリのチューハイである。

果汁
1.5%

**DATA**

- 品名：スピリッツ（発泡性）
- アルコール分：7%
- 原材料：焼酎（国内製造）、レモン果汁、糖類／炭酸、香料、酸味料、カラメル色素

宝酒造

## タカラ
# can チューハイ
## 〈レモン〉

1984年発売、来年誕生40年を迎える日本初の缶チューハイ。シチリア産の手摘みレモンと厳選した11種類の樽貯蔵熟成酒を使用している。「焼酎へのこだわり。それが『canチューハイ』のすごいところ」（ストロングおじさん）。「まさに、お酒の個性を味わいたい人のための缶チューハイですね」（レモンザムライ）。

果汁
3.3%

**DATA**

- 品名：リキュール（発泡性）
- アルコール分：8%
- 原材料：焼酎（国内製造）、レモン、糖類／炭酸、香料、紅花色素

まだまだある！

# ご当地レモンサワー11選

宝酒造

## 寶CRAFT 小田原レモン

神奈川県産の「小田原レモン」のストレート混濁果汁を使用。レモンペーストと樽貯蔵熟成焼酎を合わせた。小田原レモンの穏やかな酸味と優しい甘さ、コクのある味わいが特徴で、ご当地グルメとの相性も抜群だ。

（販売：神奈川県、静岡県、山梨県）

果汁
2%

DATA

- 品名：リキュール（発泡性）
- アルコール分：8%
- 原材料：レモン（小田原産）、レモンペースト、レモンエキス、アルコール（国内製造）、焼酎、糖類／炭酸、酸味料、香料

宝酒造

## 寶CRAFT 小笠原島レモン

島民や観光客に「島レモン」の愛称で親しまれている、小笠原諸島母島産の希少なグリーンレモンを丸ごと使用。レモンペーストと寶CRAFTシリーズ独自の樽貯蔵熟成焼酎を合わせた。爽やかなピール感もいい。

（販売：東京都、千葉県、埼玉県、他）

果汁
2%

DATA

- 品名：リキュール（発泡性）
- アルコール分：8%
- 原材料：レモン（小笠原産）、レモンペースト、レモンエキス、焼酎（国内製造）、糖類／炭酸、酸味料、香料

宝酒造

## 寶CRAFT 南房総レモン

千葉県を中心にしたエリアで販売。南房総に降り注ぐ太陽光をたっぷり浴びた「海と太陽のレモン」の果汁とレモンペーストを使用。ほどよいピール感も楽しめ、どんなシチュエーションにもぴったりな１本だ。

（販売：千葉県、東京都、埼玉県）

果汁
1.7%

DATA

- 品名：リキュール（発泡性）
- アルコール分：8%
- 原材料：レモン（南房総産）、レモンエキス、アルコール（国内製造）、焼酎、糖類／炭酸、酸味料、香料

宝酒造

## 寶 CRAFT
# 瀬戸田レモン

防カビ剤・ワックス不使用で皮まで食べられる広島県産「瀬戸田レモン」のストレート混濁果汁を使用。瀬戸内の温暖な気候で育てられたレモンは、甘みと酸味のバランスが絶妙で、豊かな香りと爽やかな味わいだ。

（販売：中国・四国エリア、他）

果汁
2%

**DATA**

- 品名：リキュール（発泡性）
- アルコール分：8%
- 原材料：レモン（広島県瀬戸田産）、レモンペースト、レモンエキス、焼酎（国内製造）、糖類／炭酸、酸味料、香料

宝酒造

## 寶 CRAFT
# 京檸檬

京都産の「京檸檬」を使用。本来は使用しない果皮や種からも香り成分を抽出しており、京檸檬を余すところなく楽しめる。グリーンレモンの状態で早摘みされるので、瑞々しい甘い香りと上品な苦みも特徴だ。

（販売：京都を中心とするエリア）

果汁
2%

**DATA**

- 品名：リキュール（発泡性）
- アルコール分：7%
- 原材料：レモン（京都府産）、レモンスピリッツ（国内製造）、焼酎、糖類／炭酸、酸味料

宝酒造

## 寶 CRAFT
# 伊勢路 マイヤーレモン

レモンとオレンジとの掛け合わせから生まれた、三重県南紀産の「マイヤーレモン」を使用。マイヤーレモンならではの豊かな香りとすっきりとした甘さが特徴。飲み比べをして、レモンの違いを感じるのも楽しい。

（販売：三重県、愛知県、岐阜県）

果汁
2%

**DATA**

- 品名：リキュール（発泡性）
- アルコール分：8%
- 原材料：レモン（三重県産）、レモンペースト、レモンスピリッツ（国内製造）、焼酎、糖類／炭酸、酸味料、香料

オエノングループ 秋田県醗酵工業

## 秋田サワー 塩レモン

レモンの風味を引き出すため、熟成された秋田県産の８年貯蔵酒粕焼酎と男鹿半島の海水を100％使用した「男鹿半島の塩」を使った塩レモンサワー。ほんのりしょっぱく、すっきりとした味わいで、どんな食事にも合わせやすい。ラベルには「ナマハゲ」が描かれており、お土産にもぴったりだ。秋田県限定発売。

果汁
4%

**DATA**

- 品名：スピリッツ（発泡性）
- アルコール分：5%
- 原材料：レモン果汁、食塩、醸造アルコール（国内製造）、酒粕焼酎、レモン蒸留酒／炭酸ガス、酸味料

オエノングループ 合同酒精

## ニッポンプレミアム 瀬戸内産レモン

温暖な瀬戸内の気候が育んだ、こだわりの「瀬戸内産レモン」を使用。木の上で完熟させるようギリギリまで育てているため、糖度が高くマイルドな酸味を楽しむことができる。アルコール分が３％と低めのため、飲みやすいライトな飲み口を実現。香り高いレモンの爽やかさを十分に楽しむことができる１本だ。

毎日の食事にも合わせやすい「直球勝負レモン」もおすすめだ。

果汁
3%

果汁
1%

**DATA**

- 品名：リキュール（発泡性）
- アルコール分：3%
- 原材料：レモン果汁（瀬戸内産レモン）、レモンエキス（瀬戸内産レモン）、ウォッカ、果糖ぶどう糖液糖／酸味料、炭酸ガス、香料
- 原料原産地名：国内製造（ウォッカ）

宝酒造

## 寶CRAFT 九州レモン

九州の温暖な気候で育ったレモンの果肉を丸ごと搾ったストレート混濁果汁を使用。発酵果汁で作られた独自のスピリッツと樽貯蔵熟成焼酎を合わせた。まろやかで深みのある味わいだ。
（販売：九州・沖縄エリア）

果汁
2%

**DATA**

- 品名：リキュール（発泡性）
- アルコール分：8%
- 原材料：レモン（九州産）、レモンペースト、スピリッツ、焼酎、糖類／炭酸、酸味料、香料

座談会メンバーからの
ワンポイントアドバイス

## メーカーも推奨! 果汁がよく混ざる“逆さ缶”

市販されている缶入りレモンサワーを、さらにおいしく飲むためのひと工夫を伝授。とくに「本搾り™」のように果汁が多く含まれるものは、

「飲む前にゆっくり一度逆さにして飲むと、果汁がよく混ざりよりおいしくなります。聞いた話ですが、コンビニで購入するときにはカゴに入れる段階で逆さにするという猛者もいるようですよ」(レモンザムライ)。

この方法、実は「本搾り™」の缶には「おいしい飲み方“逆さ缶”」と表示されている、メーカー推奨の飲み方なのだ。今まで気がつかなかったという方は、ぜひ試してみてほしい。

注意する点は「振らないこと」。炭酸入りなので、噴き出す可能性があるためだ。

南都酒造所

## 琉球 レモンサワー

シークヮーサーは沖縄の方言で、和名では「ヒラミレモン」といい、レモンと同じミカン属の柑橘類。シークヮーサー果汁を際立たせるため、香りがよくほのかに甘い泡盛を使用している。酸味料、香料、着色料などの添加物は一切使用せず、シークヮーサーと泡盛、きび蜜だけで造った贅沢な大人のお酒だ。

果汁
8%

DATA

- 品名：リキュール（発泡性）
- アルコール分：5%
- 原材料：泡盛（沖縄県製造）、シークヮーサー果汁（沖縄県産）、きび蜜

能勢酒造

## にごり皮ごと レモンサワー

丸ごとレモンの濃厚な旨みを楽しめるサワー。レモン果汁と独自の高圧製法で溶かし込んだレモンペーストを合わせて使用。名水「桜川」の超軟水がより自然でクリアな味わいを可能にした。レモンの旨みやほろ苦さを楽しもう。香料・酸味料無添加。

果汁
7%

DATA

- 品名：リキュール（発泡性）
- アルコール分：6%
- 原材料：レモン果汁（イタリア産）、糖類、酒精、レモンペースト／炭酸

割っておいしい！

# ご当地リキュール6選

北岡本店

## 至高のレモンサワーの素

果肉、果汁はもちろん、皮や種も鬼おろしで丸ごと使用しているため、レモンそのものの味が楽しめる。炭酸で割ってレモンサワーにしてもよし、お湯割りにしてはちみつを加えればホットレモン酒にも。おすすめは「サワーの素 1：炭酸 4」だ。

※5倍希釈時 17%

DATA

- 品名：リキュール
- アルコール分：25%
- 原材料：醸造アルコール（国内製造）、レモン、砂糖、レモン果汁／酸味料、香料

奥の松酒造

## すっかいがな

「甘くない、すっきり爽快、クセになる」の三拍子揃ったレモンサワーの素。「すっかいがな」は「すっぱいもの」を指す福島県の方言。おすすめの割り方は「すっかいがな 1：炭酸 3」。塩を少量加えれば“しょっぱ”すっかいがなも楽しめる。

DATA

- 品名：リキュール
- アルコール分：25%
- 原材料：醸造アルコール（国内製造）、濃縮レモン果汁、粕取焼酎／酸味料、香料、甘味料（アセスルファム K、ネオテーム）

網走ビール

## オホーツク 流氷塩レモンサワーの素

レモン果汁の酸味とオホーツク海の塩が効いた衝撃の塩レモンサワーの素。網走市の冬の風物詩である流氷を仕込水に使用するなど、ご当地感も満載だ。おすすめの割り方は「サワーの素 1：炭酸 3」だが、お好みに合わせて「1：2」にしても◎。

DATA

- 品名：リキュール
- アルコール分：25%
- 原材料：醸造アルコール（国内製造）、レモン果汁／酸味料、香料、酸化防止剤（ビタミンC）、食塩、甘味料、着色料